LES

SAVANTS CÉLÈBRES

2ᵉ SÉRIE IN-8°.

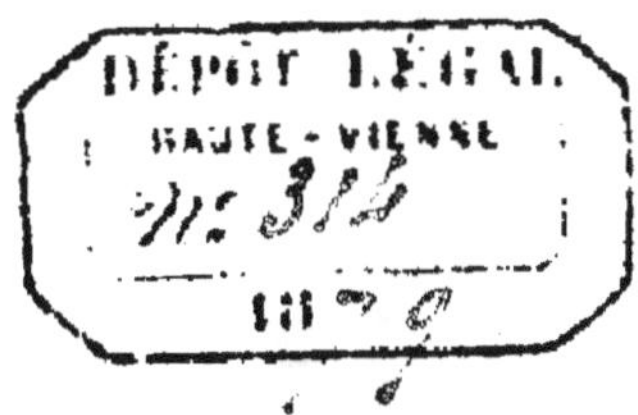

Propriété des Éditeurs,

LES
SAVANTS
CÉLÈBRES

ÉDITION REVUE

PAR E. DU CHATENET.

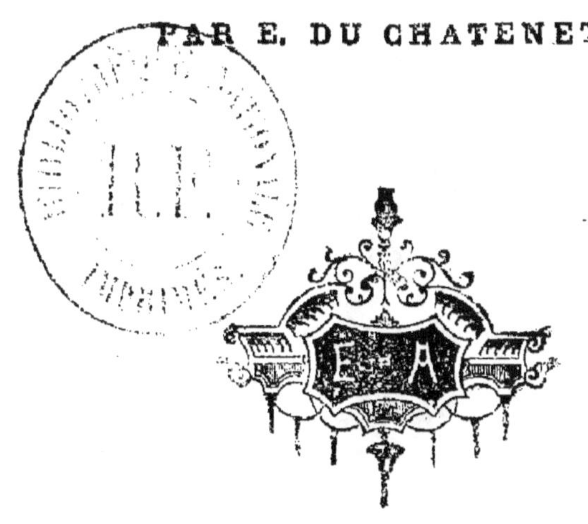

LIMOGES

EUGÈNE ARDANT ET Cⁱᵉ, ÉDITEURS

LES

SAVANTS CÉLÈBRES

—

CHAPTAL.

—

CHAPTAL (Jean-Antoine), comte de Chanteloup, né le 5 juin 1756, à Nozaret (Lozère),
avait lu quelques livres de médecine et d'histoire naturelle chez son père. De Mende, où
il fit de brillantes études sous les Doctrinaires,
le pressentiment de sa destinée scientifique
le conduisit à Montpellier, la Salerne moder-
ne. Sous les auspices d'un oncle, médecin
fort riche et qui l'institua son unique héritier,
il étudia la médecine, et, comme accessoires,
l'histoire naturelle et la chimie. La dernière
surtout le captiva. Docteur en 1777, il vit sa
thèse de réception jouir de l'honneur, inusité

pour une thèse, de deux nouvelles éditions.
Paris ne pouvait manquer de l'attirer. Il y
passa quatre ans, suivit les cours du chimiste
Sage; mais, tout en se vouant alors à une
spécialité, il ne rompit ni avec les sciences
médicales ni surtout avec la littérature. Avec
Cabanis, il fréquentait les Delille, les Rou-
cher, les Fontanes, et, dans leur conversation, il puisait l'habitude de cette élocution
élégante, facile et nette, qui doit être le caractère de la science, lorsqu'elle se produit par
le langage pour l'instruction publique : aussi,
lorsqu'en 1781 Chaptal alla remplir à Montpellier une chaire de chimie, qui fut créée
pour lui à son insu, fut-on étonné de la per-
fection soutenue avec laquelle le professeur
exprimait les abstractions les plus hautes, les
détails les plus arides.

Alors commença, dans le midi de la France,
la popularité d'une science jusque-là reléguée
dans les pharmacopées. Chaptal seconda cet
essor par la publication du *Tableau analytique*
de son cours (1783) et par celle des *Eléments
de Chimie* (1790). Cet ouvrage est le premier
qui ait présenté, dans un cadre un peu vaste,
l'ensemble des connaissances chimiques d'a-
près le nouveau système et avec la nouvelle

nomenclature. Il s'en répandit en moins de quinze ans seize mille exemplaires. Mais le trait essentiel des talents de Chaptal, c'était le besoin des applications. Selon lui, la science, sous peine d'être stérile, doit être utile. Enrichi récemment par un héritage de 300,000 francs, Chaptal donnait le précepte et l'exemple. Il établissait à Montpellier de vastes fabriques, multipliait les essais, donnait à la France ce qu'elle tirait jadis de l'étranger, à l'humanité des produits dont jusqu'alors la nature s'était réservé le secret. Ainsi naquit chez nous la fabrication de l'acide sulfurique, de l'alun artificiel, et de la soude factice, qui ont opéré une révolution dans les arts. Les Etats de Languedoc, dont l'administration fut justement célèbre, sentirent tout le prix de ces travaux. Chaptal devint près d'eux comme le dictateur des arts utiles. Pas une mesure n'était prise sur l'agriculture, les fabriques et le commerce, sans qu'il fût consulté. En 1787, ils obtinrent pour lui le cordon de Saint-Michel et des lettres de noblesse; mais dès lors le vrai titre de noblesse pour Chaptal, c'était que l'on ne pouvait citer dans le Midi d'industries notables qui ne lui dussent des améliorations directes.

L'Espagne ouvrit les yeux sur ces miracles d'un nouveau genre, exécutés à ses portes. Le chimiste français reçut l'offre d'un premier don de 200,000 francs et de 36,000 francs de pension annuelle, à la condition de transporter au-delà des Pyrénées les industries qu'il avait créées dans le Languedoc. Chaptal répondit à la lettre signée : *Yo el Rey*, ce qu'il répondit plus tard à trois lettres de l'immortel Washington, qui, sans doute inspiré par Franklin, invitait le savant de Montpellier à venir dans l'Union appliquer la plus féconde des sciences aux arts naissants du Nouveau-Monde : il refusa de quitter sa patrie, qui bientôt peut-être aurait besoin de tous ses enfants.

Dès le commencement de la grande et sanglante crise qui changea la France, Chaptal, en gémissant sur tant de meurtres chaque jour renouvelés, s'était consacré à la patrie. Appelé du fond des prisons où, soit à tort, soit à raison, il avait été jeté comme fédéraliste, à Paris, où le Comité de salut public demandait aux savants la poudre, les armes, les projectiles nécessaires pour repousser l'invasion, il s'associa pour cette œuvre patriotique à Berthollet et à Monge, noble triumvirat sans lequel la bravoure des armées aurait été un rempart inutile. Bientôt, dans cette France qui naguère ne fabriquait de la poudre qu'avec des matières tirées de l'Inde, alors fermée pour elle, les grands ateliers de Grenelle, dont Chaptal était directeur, fournirent par jour trente-cinq milliers de poudre ou de salpêtre.

Peu après commencèrent les cours réguliers de l'école Polytechnique. Chaptal, dont on ne peut méconnaître l'influence dans la grande pensée de Monge, fut chargé de la chimie végétale. La multitude et la variété des applications qu'il faisait entrevoir, en détaillant les principes, avaient produit une impression profonde chez ses jeunes auditeurs, lorsqu'on lui confia la réorganisation de l'école de Montpellier, puis la chaire de cette école. En même temps il siégeait dans l'administration de l'Hérault; mais son choix était fait. Les sollicitations de ses amis, ses nouvelles relations, tout le déterminait à se fixer dans la capitale. Il monta dans les environs de Paris des ateliers dans le genre de ceux qu'il laissait à Montpellier; et, comme dans cette ville, berceau de sa réputation, à côté des fabrications déjà connues, il multiplia les essais qui doivent en faire naître de nouvelles. C'est à lui qu'est due la naturalisation du fameux rouge d'Andrinople; c'est lui qui, aux pouzzolanes d'Italie, substitua les terres ocreuses; c'est par lui que la barille augmenta l'agriculture, et par suite l'industrie de la France. A la première exposition des produits industriels, en 1798, il eût obtenu, lui aussi, la médaille d'or, s'il n'eût été au nombre des juges du concours. L'Institut, dont cette même année il fut membre ordinaire, et qui, dès sa formation, l'avait compté parmi ses associés, l'entendit lire des Mémoires sur un grand nombre de sujets que la chimie livre aux manufactures : tels furent entre autres ceux qui décrivent ou exposent la fabrication de l'acétate de cuivre ou verdet cristallisé, la teinture du coton, l'usage des oxydes de fer, le mordant pour la couleur rouge, la couleur jaune des végétaux, l'analyse de l'alun, des vues générales sur la formation du salpêtre, vues auxquelles il avait préludé par son *Traité des Salpêtres et du Goudron* (1796), enfin le *Tableau des principaux sels terreux et substances terreuses* (1798). Son bel *Essai sur le perfectionnement des arts chimiques en France* (1800) contenait ou le résumé ou le germe de toutes ces recherches, et achevait de donner à son nom une célébrité européenne. Mais déjà le premier consul l'avait appelé au conseil d'Etat. Pour coup d'essai, il lui confia l'instruction nationale. Le plan de Chaptal, pour améliorer et compléter le système des écoles, obtint l'assentiment du grand homme. Plusieurs des lacunes profondes qu'il signalait furent comblées; des institutions qu'il proposa pour répandre les connaissances utiles aux arts, les unes furent fondées par lui-même, les autres furent réalisées plus tard.

En janvier 1800, la retraite de Lucien laissa vacant le portefeuille de l'intérieur. Chaptal y fut nommé d'abord par *intérim*, puis définitivement. Alors il put développer sur une large échelle, dans la France entière, ce qu'il avait essayé dans l'étroite enceinte du Languedoc; alors on vit ce que c'est que le pouvoir réuni aux lumières et à l'activité. Secondé par les Rœderer, les Crétet, les Fourcroy, les Français de Nantes, le nouveau ministre compta en quelque sorte chaque jour de sa trop courte administration par des bienfaits durables.

Les conseils généraux de départements,

novices encore, reçurent une direction. La police des ateliers, les livrets des ouvriers, les chambres de commerce, les chambres consultatives des arts et des manufactures, naquirent, offrant en même temps des ressources, des garanties et des intermédiaires précieux entre les intérêts publics et l'autorité. Les bourses de commerce furent établies, multipliées. D'habiles artistes anglais apportèrent en France quelques-unes de ces machines qui ont décuplé la puissance de la Grande-Bretagne et le bien-être de l'humanité. Le ministre en proposa l'adoption à tous les maîtres d'ateliers français, institua des concours, promit des prix, créa dans le conservatoire des arts et métiers, avec d'admirables collections, un enseignement spécial des procédés nouveaux. La première école spéciale d'arts et métiers, créée à Liancourt par Larochefoucauld, fut protégée et transférée à Compiègne. La société d'encouragement de l'industrie nationale reçut une subvention, qui a été longtemps sa ressource principale. L'exposition des produits de l'industrie devint périodique, ainsi que les récompenses dont il voulut qu'elle devînt l'occasion.

Les mines, les usines, les salines, les tour-
bes, les approvisionnements, la circulation
des grains attirèrent aussi sa vigilance. Il
appuya de toutes ses forces l'établissement
du système des poids et mesures. Il voulut
que tous les plants de vignes qui peuvent
supporter la température de Paris fussent
réunis dans les pépinières du Luxembourg.
Lui-même, au milieu de tant de travaux, ne
dédaigna pas de publier l'*Art de faire, de gou-
verner et de perfectionner les vins* (1801),
bientôt suivi du *Traité théorique et pratique
sur la culture de la vigne* (1801), deux ouvrages qui ont changé et amélioré la vinification
en France, et l'*Essai sur le Blanchiment*
(1801).

Il fit plus : aussi simple au ministère que
dans le professorat, il visitait les ateliers,
causait avec les fabricants, applaudissait aux
découvertes, aux perfectionnements, donnait
des conseils, souvent aussi donnait des pri-
mes, des encouragements, des avances. Son
suffrage doublait le prix des dons. Une impulsion non moins forte, partie, on doit l'a-
vouer, de la main du premier consul, accéléra
les travaux publics, longtemps en proie à
une stagnation désolante. Cent routes, à

peine viables, se rouvrirent au commerce et aux voyageurs. Les quais de Paris, des ponts sur la Seine, sur le Rhône, sur tous les grands fleuves de France; la dérivation de l'Ourcq vers la Seine; de nombreux canaux ouverts, réparés, prolongés ou achevés; une législation complète pour l'entretien de la navigation fluviatile, présageaient au pays une ère nouvelle. Les premières mesures pour l'achèvement du Louvre, pour la création du Musée Napoléon, pour la place et les monuments de la Bastille, pour les rues de Rivoli, de Castiglione, du Mont-Thabor, remontent aussi au ministère de Chaptal.

Tous ces actes déposent des lumières ainsi que du zèle du ministre. Mais ce qui honore son cœur en même temps que son esprit, c'est le soin qu'il mit à relever les établissements d'humanité. Par lui furent liquidées les dettes qui écrasaient les hospices, et des quêtes, des parts dans l'octroi, diverses cessions de rentes et domaines, leur constituèrent un nouveau patrimoine; par lui le régime paternel remplaça l'entreprise; les sœurs de charité reparurent près du lit des malades, des améliorations dans le logement, le coucher et la diététique diminuèrent un peu l'horreur des classes nécessiteuses pour ce séjour, devenu un lieu de douleurs depuis l'expulsion des saintes religieuses qui consolaient; de plus, il régla l'administration, la comptabilité de ces établissements, il prescrivit les soins dus aux enfants abandonnés, il fonda le conseil général et gratuit des hospices de Paris. Il ne négligea rien pour la propagation de la vaccine et créa la *Société de Vaccine*, si longtemps présidée par le vertueux Larochefauld-Liancourt. Il institua les élèves-sages-femmes à la Maternité, organisa les élèves de pharmacie, réorganisa les monts-de-piété. Il introduisit les ateliers de travail dans les prisons, et songeait à en améliorer le régime. Sur sa proposition, les orphelins de Filangieri furent élevés aux frais de l'Etat dans le prytanée français.

Le premier consul ceignit la couronne d'empereur : Chaptal donna sa démission (1805), non par opposition, mais parce qu'il avait la conscience d'avoir beaucoup et bien agi, et pour se livrer sans partage à la science. Il ne consentit à revenir au pouvoir qu'en 1813, aux jours de malheur, comme commissaire à Lyon, pour prévenir l'invasion, et, en 1815, comme directeur du commerce et des manufactures. C'est alors que, dans le plus noble langage, il proclama devant le chef des Cent jours le besoin d'institutions mutuelles consenties entre la nation et le prince. De 1805 à 1814, Chaptal avait été sénateur, et de plus trésorier du Sénat. Louis XVIII, en 1814, changea le premier de ces titres en celui de pair.

Rentré dans les magnifiques domaines de Chanteloup, Chaptal, sous l'Empire et sous la Restauration, s'y livrait avec l'ardeur de la jeunesse à ces belles applications industrielles qui ont presque permis à la France de se passer des richesses équinoxiales. La culture du pastel et de la betterave est de ce nombre. Il est impossible aujourd'hui de prononcer le mot de sucre indigène sans lier à cette idée le nom de Chaptal. On est heureux de penser que cet immense service rendu à l'industrie française n'était pas improductif pour son auteur. Grâce à ses judicieuses innovations, et à l'introduction d'un troupeau de douze cents mérinos à laine superfine qu'alimentaient les résidus de la fabrication saccharine, une terre de 14,000 francs de revenu en rendit bientôt 50,000 de produit net, et Chaptal ne faisait mystère ni de ses gains ni de ses procédés :

il les publiait, les enseignait à tous de vive voix et par écrit. (*Mém. sur le Sucre de Betteraves*, 1815.) Après avoir mis au jour sa *Chimie appliquée aux Arts* (1807), l'*Art de la Teinture du coton en rouge* (1807), l'*Art du Teinturier*, etc., il publiait encore son *Tableau de l'Industrie française* (1819), la *Chimie appliquée à l'Agriculture* (1823), ouvrages qui, malgré les progrès des sciences, sont encore les manuels des fabricants. La chimie appliquée aux arts a été traduite dans toutes les langues de l'Europe. Les mémoires de l'Institut, les annales de chimie, le nouveau dictionnaire d'agriculture, la nouvelle édition du Théâtre d'agriculture d'Olivier de Serres s'enrichissaient des articles de Chaptal.

On concevra facilement qu'à la Chambre et hors de la Chambre, Chaptal était membre indispensable dans toutes les commissions relatives aux lois sur le commerce, les fabriques et l'agriculture. Souvent il fit les rapports. En 1828 et 1829, ce fut lui qui émit les opinions les plus remarquables sur les pétitions des propriétaires de vignobles. De 1819 à 1830, il prit ainsi part à tout ce qui intéressait le pays. Les 30 millions à prêter au commerce l'occupèrent encore après la révolution de juillet, alors que déjà l'on regrettait de ne plus voir dans Chaptal qu'une voix qui tombe et une ardeur qui s'éteint. De cruels chagrins s'étaient unis à la vieillesse pour l'abattre : sans plainte, sans ostentation, il sacrifia sa fortune pour des dettes qui n'étaient pas les siennes. Sa femme et sa fille, dignes d'un tel époux et d'un tel père, l'entourèrent des plus tendres soins dans cette position douloureuse : son vieux domestique lui resta fidèle, comme aux jours de prospérité. Le comte Chaptal mourut le 30 juillet 1832. Le vertueux serviteur, pour lui payer un dernier tribut, voulut que les discours prononcés sur sa tombe et les nécrologies dont il fut l'objet, fussent réunis et imprimés à ses frais. C'est de ce recueil que sont tirés tous les faits de cet article.

CUVIER.

—

Cuvier (Georges-Léopold-Frédéric-Chrétien-Dagobert) naquit à Montbéliard, le 23 août 1769, la même année que Humboldt, Wellington et Brougham, Canning, Walter Scott, Châteaubriand et Napoléon le Grand.

Montbéliard, à l'époque dont nous parlons, faisait encore partie de l'empire germanique : là se trouvait le chef-lieu d'une principauté appartenant aux ducs de Wurtemberg, et ce ne fut qu'en 1796, après l'occupation des troupes républicaines, que ce pays fut régulièrement cédé à la France : nous conquîmes ainsi Cuvier en même temps que Montbéliard; et, juste à la même époque, Cuvier, récemment arrivé à Paris, commençait par de grands travaux à conquérir la **renommée**. Le père de Cuvier, après quarante ans de services distingués dans un régiment suisse à la solde de la France, n'avait reçu qu'une modique pension de retraite.

Le jeune Cuvier montra, dès la première enfance, une aptitude parfaite aux travaux de l'esprit, une mémoire puissante, une ardeur extrême pour l'étude ; à quatre ans, il savait lire, et son écriture était belle. Son père lui ayant donné quelques leçons de dessin, dès l'âge de dix ans il copiait les figures d'oiseaux de Buffon, et il lisait le texte de l'ouvrage avec avidité, afin d'enluminer naturellement ses dessins d'oiseaux. A quatorze ans et demi, il avait terminé toutes ses études classiques, et, toujours le plus assidu et le plus fort, il avait presque constamment occupé la première place. Heureusement pour Cuvier, la dernière de ses compositions parut moins bonne à son maître ; car si ce jour-là, comme de coutume, il eût été proclamé le premier de sa classe, c'en était fait de sa destinée : il eût alors obtenu une bourse gratuite au séminaire de Tubingue, et fût devenu ministre protestant, à l'exemple de son aïeul, et selon le vœu de son père, alors trop mal aisé pour le produire dans une carrière autre que le ministère évangélique.

Cet insuccès d'un jour eut, pour le jeune Cuvier, l'avantage inespéré de le faire adopter par le duc Charles de Wurtemberg, qui le plaça aussitôt à l'Académie de Stuttgard, sorte d'école polytechnique, d'où sortirent tour à tour, pour briller dans des carrières diverses, Schiller, Kielmeyer, et vingt autres. Ce fut là que Cuvier étudia la littérature, la philosophie et les mathématiques, l'histoire de la nature et l'histoire des nations, la physique et les beaux-arts, les sciences administratives, la médecine et le droit. Il composa même, dès cette époque, un *Journal zoologique*, d'où furent extraits, en 1792 (l'auteur n'ayant alors que vingt-trois ans), ses deux premiers mémoires, l'un sur les *mouches*, l'autre sur les *cloportes*, préludant ainsi pendant ses heures de récréation à ces magnifiques études sur les révolutions de la terre qui immortaliseront son nom.

Sorti de l'école normale et militaire de Stuttgard, Cuvier pouvait également prétendre à un brevet d'officier ou de professeur, à un diplôme d'avocat ou de médecin; il pouvait, grâce à son crayon, mener la séduisante vie d'artiste; il pouvait attendre des bontés du prince une place d'administrateur; mais, trop prudent pour tenter un long stage de fortune, trop judicieux pour asseoir son avenir sur des protections incertaines, et plus pressé de vivre que de briller, il commença modestement par être précepteur du cune gentilhomme protestant, fils d'un riche propriétaire de Normandie, le comte d'Héricy.

M. d'Héricy habitait ordinairement le château de Fiquainville, situé à deux lieues de la mer, rendez-vous ordinaire de la noblesse des environs. Ce fut là que Cuvier apprit cette science de vivre, que n'enseigne aucune académie, et que les académiciens eux-mêmes ne devraient point ignorer. Ceux qui le connurent dans le commerce journalier de la vie ont pu juger si ces premières habitudes furent indifférentes à sa haute fortune.

Admirez par quel enchaînement de conjonctures, en apparence insignifiantes ou malheureuses, la Providence conduit le jeune Cuvier vers sa destinée! Une santé délicate le rend studieux et de bonne heure appliqué; une mauvaise composition de collège le dissuade du vide ministère protestant, et lui concilie l'amitié d'un prince puissant; le défaut de fortune le préserve du séjour énervant et corrupteur des villes, et lui fait trouver à propos, dans une campagne voisine de la mer, un stimulant pour ses souvenirs classiques, un air salubre pour sa faible santé, des matériaux pour ses études favorites, en même temps qu'une école de mœurs, et un asile assuré contre les orages politiques et les sanglantes calamités d'alors; car, remarquez que Cuvier habita la Normandie depuis 1788 jusqu'en 1795, de sorte qu'il resta caché dans sa studieuse retraite pendant sept années. Ce fut M. Tessier, savant prêtre dont les études agronomiques ont rendu le nom célèbre, qui l'y découvrit et l'en fit sortir.

A la vue des richesses scientifiques dues à l'activité d'un jeune homme livré aux seules ressources de ses yeux et de son esprit, M. Tessier conçut aussitôt une haute opinion de Cuvier : il parla de lui du ton le plus admiratif dans ses lettres à MM. de Jussieu et Parmentier; il lui fit connaître MM. Olivier, La Métherie, Millin, et Etienne Geoffroy. Tous ces hommes recommandables convièrent Cuvier à venir partager leurs travaux, tandis que l'abbé Tessier les sollicitait de créer près d'eux une position sortable pour son jeune ami. Quant à Cuvier, il avait signifié au digne abbé qu'il resterait au château de Fiquainville jusqu'à ce qu'on lui eût assuré à Paris une indépendance qui l'exemptât des sollicitations comme des sollicitudes.

Cuvier arriva à Paris en avril 1795, époque où l'on s'occupait de relever les établissements littéraires, que trois années de révolution avaient détruits. On sait que ni les hautes ni les humbles écoles n'avaient trouvé grâce devant les misérables réformateurs de 93. Alors, plus que jamais, il devait être facile à un homme comme Cuvier d'employer utilement ses facultés, et de donner carrière à ses talents. Secondé par Millin de Grand-maison, le directeur du *Magasin encyclopédique*, il fut bientôt nommé membre de la commission des arts, puis professeur à l'Ecole centrale du Panthéon. Ensuite, grâce à d'autres amis, et notamment par l'intervention d'Etienne Geoffroy et de Lacépède, l'incapable et vieux Mertrud, espèce de prosecteur émérite, qu'on venait de nommer professeur d'anatomie comparée au Muséum, eut le désintéressement très-méritoire d'agréer Cuvier en qualité d'adjoint. Une fois possesseur de ces places, Cuvier songea avant tout à ses affections, à sa famille, et il s'empressa d'appeler près de lui son vieux père et son digne frère Frédéric, les deux seuls parents qui lui restassent. C'est alors qu'il commença cette magnifique collection d'organes d'animaux, ce musée incomparable, quant à l'ostéologie, qui aujourd'hui est devenu si utile aux savants de toutes les nations.

Il prit soin, dit-il lui-même, d'aller chercher dans les mansardes du Muséum les vieux squelettes autrefois réunis par Daubenton, et que Buffon, dans un moment d'humeur, y avait fait entasser comme des fagots.

Occupé d'enrichir à toute heure ce musée naissant, et attentif à classer chaque nouvel objet, non-seulement dans une case précise, mais encore dans sa mémoire; vivifiant ses études de jeune homme par la conversation des savants, qui déjà le courtisent alors même qu'ils l'éclairent; trouvant le bonheur sans l'aller chercher loin de ses collections, grâce à sa famille, sitôt comblée de ses bienfaits, sitôt et si généreusement payée de quelques sacrifices : ce fut alors que Cuvier essaya ses forces, et qu'il en vérifia la puissance.

Son cours à l'Ecole centrale du Panthéon,

ses cours d'anatomie comparée au Muséum, ses communications verbales, ses dessins, ses feuilles volantes, et jusqu'à ses modestes cahiers d'étudiant, réceptacles précieux de tant de germes d'idées, riches filons d'où sortirent tant d'ouvrages, tout fut à la fois applaudi, également admiré, et sa personne plut; on l'aima. Il avait alors le corps si frêle, une santé si fragile, et sa douce urbanité tempérait si parfaitement les vives lumières de son esprit, qu'il se vit adopté dès les premiers jours par les élèves du Panthéon, comme Bichat le fut lui-même par ceux de la Faculté, et Bonaparte par ses glorieux soldats. Malgré l'apparente froideur inhérente à son tempérament, peu d'hommes plus que lui excellèrent à captiver un jeune auditoire. On fut surtout enthousiasmé de sa première leçon au Jardin des Plantes. Il disait à ses élèves, après quelques lieux communs sur les hommes illustres qui l'avaient précédé dans sa chaire : « Peut-être, Messieurs, avez-vous entendu parler du Pérugin? C'est un peintre dont les œuvres eurent peu d'éclat; mais il fut le maître de Raphaël!... Sans doute, bientôt d'entre vos rangs sortira plus d'un homme illustre, et je serai fier de mes fatigues. » Cuvier avait devant lui le Pérugin en personne! C'était le respectable Mertrud, présent à la séance, et qui, de ses mains tremblantes, applaudissait à Raphaël.

Un des grands avantages de Cuvier lui vint de cette pénurie de livres dont il se plaignait si tristement dans ses lettres durant son séjour à Fiquainville. Avec une bibliothèque, ou conseillé à souhait par des maîtres, Cuvier eût fait comme le grand nombre de ses contemporains : au lieu d'étudier à sa manière, de peindre d'après ses excellents yeux, et d'interpréter avec sa raison, il eût copié, imité, tout au plus modifié les œuvres de ses devanciers; et dès lors, adieu cette nouveauté de vues qu'il répandit dans ses ouvrages, adieu cette sûreté d'examen qui le rendit, sans contestation, le prince des savants de l'Europe !

Lorsque Cuvier vint à Paris, la tempête politique avait cessé : la République était paisible et déjà comme consternée de ses cruautés inutiles; mais enfin c'était encore la République. Il lui fallut vivre avec des républicains; et ceux-ci durent être surpris tout d'abord en voyant ces formes monarchiques qu'on croyait pour toujours bannies, ce ton de convenance et de politesse que Cuvier apportait dans ses relations. Toutefois, il se montra d'abord si discret, qu'il fit presque oublier sa supériorité et taire toute jalousie. Les jeunes savants se pressèrent autour de sa personne, poussés par l'instinctif désir de l'imiter. D'autres savants, qu'il proclamait hautement ses maîtres ou ses protecteurs, parurent fiers de grossir cette espèce de cour d'un tel protégé; d'autres, qu'il avait priés de souffrir son nom près du leur dans des écrits dus à sa plume, se flattèrent de partager avec lui toute cette belle destinée que lui présageaient les inappréciables dons de sa méthode, de sa parole et de son style. Remarquons toutefois que cet empire intellectuel de près de trente années, Cuvier mit autant d'habileté à l'obtenir que s'il ne l'eût point mérité.

Les limites de cette notice ne permettent pas d'indiquer même sommairement l'ordre des idées et l'ensemble des travaux de l'auteur de l'*Anatomie comparée,* du *Règne animal,* etc., etc., c'est-à-dire la partie la plus importante de sa vie; car tel fut le fondement de sa réputation et le secret de sa puissance.

Cependant il ne faudrait pas croire que la vie de Cuvier fût totalement consacrée aux sciences. Homme politique et bon administrateur, sa race capacité et ses aptitudes presque universelles furent plus d'une fois en aide aux divers gouvernements qui se succédèrent en France, lui vivant.

Napoléon, qui l'avait connu à l'Institut, à ce bureau de la présidence où ces deux hommes, une fois la semaine, s'assirent quelque temps côte à côte, se souvint de lui à l'époque de sa toute-puissance. Il commença par le nommer inspecteur général de l'Université, avec mission d'instituer des lycées à Bordeaux, à Marseille et à Nice, et d'organiser des académies en Italie et en Hollande. Après cela, et déjà secrétaire perpétuel de l'Académie des sciences, Cuvier fut nommé chevalier de l'empire, maître des requêtes, et ce fut ne cette dernière qualité que l'empereur le chargea de lui faire un rapport sur le progrès des sciences depuis 1789 jusqu'en 1808, lui qui déjà résumait si clairement, et avec tant d'impartialité, les travaux annuels de l'Académie dont il était le secrétaire. Ce rapport solennel et magnifique, où la flatterie trouva accès, ne fut pas étranger à l'institution des prix décennaux, en 1810. Un de ces prix mémorables échut à Cuvier absent, pour son ouvrage d'anatomie.

Il paraît certain que Napoléon destinait sérieusement Cuvier à l'éducation du roi de Rome, et peut-être ce dessein prémédité influa-t-il sur le choix qu'il fit de lui, à plusieurs reprises, pour des missions en Italie. Déjà, Cuvier étant à Rome, l'empereur l'avait chargé de dresser la liste des ouvrages qui devaient servir à l'instruction du jeune prince, liste précieuse dont nous regrettons la perte. Mais, à cette époque, la retraite de Leipzig vint à sonner; d'affreux désastres succédèrent aux conquêtes : ce fut alors que Napoléon, en même temps qu'il nommait Cuvier conseiller d'Etat, lui donna mission d'organiser la défense des frontières du Rhin.

Vint bientôt la défaite d'un seul par la ligue de tous ceux qu'il avait vaincus, humiliés, puis protégés; vinrent l'abdication de Fontainebleau et le retour des Bourbons. Louis XVIII adopta la gloire de l'Institut comme celle des camps. Cuvier fut nommé par lui conseiller d'Etat et de l'Université, grand maître des cultes dissidents, commissaire du roi près des chambres, et enfin grand officier de la

Légion-d'Honneur et baron, dernier terme, quant à Cuvier, de la munificence de deux souverains. Disons toutefois, à son honneur, qu'il eut la sagesse de refuser le titre d'intendant du jardin du roi, le portefeuille de ministre de l'intérieur, et plus tard les fonctions de censeur.

Certes, Cuvier ne manquait pas de cette ambition qui désire avec tempérance, mais peut-être chez lui les principes politiques n'étaient que choses secondaires. Quand arriva la défection des cent-jours, il quitta silencieusement le conseil d'Etat, attendant, pour y rentrer, qu'une grande bataille eût tracé un code de droits et de devoirs. Louis XVIII, à son retour, rendit tous ses emplois à Cuvier avec une confiance plus entière; et à partir de ce jour, Cuvier n'a pas cessé de servir les Bourbons avec dévouement et fidélité.

Maître, enfin, du terrain universitaire, et chargé des intérêts du corps enseignant, non pas uniquement comme membre, comme chancelier ou grand maître temporaire du conseil royal, ni même comme grand maître des Facultés protestantes, mais encore comme président du comité de l'intérieur au conseil d'Etat, mais aussi comme commissaire du roi près des Chambres, Cuvier contribua puissamment à introduire dans l'enseignement public plusieurs grandes améliorations.

Se ressouvenant toujours avec reconnaissance de l'Académie de Stuttgard, Cuvier aurait souhaité (et c'était là un de ses projets de prédilection) qu'on le laissât établir à Paris une école spéciale pour les affaires publiques, sorte de *Faculté d'administration,* d'où les fonctionnaires fussent sortis avec des connaissances acquises et des grades. Selon lui, c'eût été un moyen sûr de classer les capacités et de les parfaire, de modérer le trop grand essor des ambitions, et d'accorder moins à la faveur.

A l'âge de trente-quatre ans (1803), venant d'être nommé secrétaire perpétuel de l'Institut, Cuvier avait songé au mariage. Sûr de son avenir, et le voulant sans nuages, il fixa son choix sur une femme raisonnable, veuve d'un de ces vingt-huit fermiers généraux dont la Convention avait décrété l'assassinat, afin de s'attribuer leurs trésors. Madame Duvaucel connaissait le grand monde sans s'y plaire, l'infortune sans se l'être attirée, mais sans faiblir sous ses coups : elle avait trente ans, et pour dot les quatre enfants en bas âge de son premier mari. Cette famille étrangère, à laquelle Cuvier voua sa protection et sa tendresse, s'appliqua constamment à le rendre heureux, à le seconder, et surtout à le glorifier. Son attachement pour le grand homme semblait un culte.

Parmi les nombreux détails que j'ai recueillis et publiés sur la vie intérieure et les habitudes de ce grand homme, je dois citer au moins ceux-ci : Au déjeuner, il se faisait apporter les journaux, et ne prenait ordinairement aucune part active à la conversation, quoi qu'on fît pour le distraire. A peine récompensait-il d'un regard ou d'un sourire les soins attentifs de madame Cuvier, les causeries étincelantes de mademoiselle Duvaucel, ou de gracieux enjouement de mademoiselle Clémentine, cette fille si merveilleusement accomplie, et dont la mort précoce (à vingt-deux ans) jeta tant d'amertume sur les dernières années de Cuvier (1827). Comme il la chérissait, sa Clémentine! Il en était plus glorieux (c'est une justice à lui rendre) que d'aucun de ses ouvrages; il avait pour elle des bontés qu'il n'aurait eues pour personne. On l'a souvent vu mettre un habit de cérémonie uniquement par complaisance pour elle, tant elle aimait à voir étinceler sur la poitrine de son père cette grande croix des braves dont on avait eu raison de récompenser son génie. Quelquefois, n'ayant pas d'éloge à prononcer en séance publique d'Académie, si sa fille lui disait qu'elle voulait pourtant l'entendre, pour la contenter il composait aussitôt un discours...

Jamais homme ne fut moins intéressé que Cuvier. Généreux envers sa famille et ses amis, quand Louis XVIII le créa baron, il n'aurait su comment fonder son majorat si ce prince libéral ne lui en avait fait don. A la vérité, il accumula dans la suite jusque par delà 50,000 francs de places; mais sa noble hospitalité l'induisait à de grandes dépenses, ses collections lui étaient onéreuses, et les vingt mille volumes dont se composait sa bibliothèque, que le gouvernement a acquise au prix de 72,000 francs, absorbèrent longtemps ses épargnes. Il est vrai que l'*Histoire des poissons* fut achetée 90,000 francs; mais il avait destiné le tiers de la somme à son digne collaborateur et ami, M. Valenciennes, et les 60,000 autres francs auraient dû servir de dot à cette fille chérie qu'il regretta jusqu'à la mort, jour de deuil public dont cette perte si douloureuse hâta la venue.

Le 8 mai 1832, Cuvier rouvrit au collége de France, pour la troisième fois depuis la révolution, et après une interruption de quinze années, ce cours sur l'histoire des sciences naturelles, où se résumaient toutes ses connaissances, et qui cimenta si solidement sa gloire. Cette séance fait époque dans sa vie. Ce jour-là il peignit avec calme et grandeur l'état présent de la terre, il en retraça les révolutions probables, les déluges, fit le dénombrement de ses habitants; et ce beau résumé de la création attira ses regards vers le Créateur. A Cuvier, en effet, appartient la gloire d'avoir démontré scientifiquement la vérité du récit de la Bible contre toutes les objections de l'incrédulité voltairienne. Partout, de son examen minutieux de la créature, jaillissait la preuve de l'existence d'un Dieu tout-puissant. Mais en parlant ainsi de cette cause suprême, de cette puissance infinie, de cette *durée sans bornes*, quand il vint à envisager sa propre faiblesse et sa fragilité, il parut comme saisi de la soudaine révélation du terme prochain de sa course. Sa voix, alors, prenant tout-à-coup une expression de tristesse et d'incertitude, fit entendre le souhait qu'assez de force, de temps et de santé lui permissent d'achever cette histoire imposante, dont plus de mille auditeurs enthousiasmés applaudissaient le sublime commencement.

A peine sorti de cette dernière séance, il éprouva de l'engourdissement dans les membres. Le soir, il mangea avec quelque difficulté, l'œsophage et le pharynx agissaient péniblement; et le lendemain, à son réveil, Cuvier s'aperçut que ses bras étaient paralysés, et que sa voix, si retentissante la veille, était devenue presque muette.

La maladie de Cuvier ne dura que cinq jours, pendant lesquels il montra un courage et une sérénité dignes de toute sa vie. Personne n'a retracé les circonstances de sa mort avec autant de talent ou plus de vérité que le président de la Chambre des pairs, et c'est à ce noble orateur que nous empruntons les lignes suivantes : « Cuvier se laissa approcher, jusqu'à son dernier moment, par tous ceux dont les rapports avec lui avaient eu quelque intimité; et c'est ainsi, dit le baron Pasquier, que je me suis trouvé un des derniers témoins de son existence. Quatre heures ayant sa mort, j'étais dans ce mémorable cabinet où les plus belles heures de sa vie se sont écoulées, et où il avait coutume d'être environné de tant d'hommages, jouissant de tant de succès si purs et si mérités; il s'y était fait transporter, et voulait sans doute que son dernier soupir y fût exhalé. Sa figure était calme, reposée, et jamais sa noble et puissante tête ne me parut plus belle et plus digne d'être admirée : aucune altération trop sensible, trop douloureuse à observer, ne s'y faisait encore apercevoir, seulement un peu d'affaissement et quelque peine à la soutenir. Je tenais sa main, qu'il m'avait tendue en me disant d'une voix difficilement articulée, car le larynx avait été une des premières parties attaquées : « Vous le voyez, il y a loin de l'homme du mardi (nous nous étions rencontrés ce jour-là) à l'homme du dimanche; et tant de choses cependant qui me restaient à faire! trois ouvrages importants à mettre au jour, les matériaux préparés; tout était disposé dans ma tête; il ne restait plus qu'à écrire! » Comme je m'efforçais de trouver quelques mots pour lui exprimer l'intérêt général dont il était l'objet : « J'aime à le croire, reprit-il, il y a longtemps que je travaille à m'en rendre digne. »

On voit que ses dernières pensées furent encore tournées vers l'avenir : noble besoin d'immortalité, pressentiment de celle dont il avait tant de fois parlé!... A neuf heures du soir de ce dimanche, 13 mai 1832, il avait cessé de vivre.

Né, comme nous l'avons dit, la même année que Napoléon, Cuvier avait, quand il mourut, près de soixante-trois ans, comme Aristote.

AMBROISE PARÉ.

—

Dans un petit hameau nommé le Bourg-Hersent (du nom du seigneur du lieu), près de Laval, ville de l'ancienne province du Maine, naquit, au commencement du XVIe siècle, de parents honnêtes, un enfant qui devait être un jour l'honneur et la gloire de son pays, et dont le nom devait passer à la postérité : cet enfant, c'était AMBROISE PARÉ. L'on ne sait rien de précis sur la profession et la fortune de son père : on présume qu'il était attaché en qualité de barbier à la maison seigneuriale, où le jeune Paré dut passer ses premières années, et un peu plus tard le remplacer, dit-on, dans ces mêmes fonctions. Quoi qu'il en soit, il a pu donner de l'éducation à ses deux fils : l'un s'est immortalisé, l'autre a été un chirurgien distingué à son époque, quoiqu'il n'ait exercé sa profession que dans une petite ville de Bretagne, Vitré, à sept lieues de Laval.

Dès ses plus jeunes années, Ambroise Paré manifestait un vif désir d'apprendre. Naturellement grave et réfléchi, il parcourait avec avidité quelques livres que possédait son père, qui lui avait appris lui-même à lire et à écrire. On raconte que des enfants de son âge jouant un jour auprès de lui, un d'eux fit une chute, eut la peau du front coupée dans une assez grande étendue, et perdit connaissance. Ses petits compagnons, effrayés à la vue du sang et de l'immobilité de cet enfant, prirent la fuite; le jeune Paré, étranger à leurs jeux, s'approcha du blessé, lava sa plaie, et, après l'avoir fortement bandée, chargea le blessé sur ses épaules et le transporta chez ses parents. Son père, encouragé par les avis de ceux qui lui faisaient remarquer les heureuses dispositions de son fils, le plaça chez un prêtre nommé Orsey, pour y apprendre le latin. Mais Paré ne pouvait s'y livrer à l'étude autant qu'il le voulait, car son maître, ne soupçonnant pas sa destinée, et méconnaissant sa précoce intelligence, se bornait à pourvoir à ses besoins et à faire de lui un honnête ouvrier. » Cependant Paré, poussé par un irrésistible désir d'apprendre, avait acquis quelques connaissances. Un chirurgien de Laval, nommé Vialot, visitait souvent le chapelain Orsey : il vit Paré, l'observa, et le prit chez lui, où il fut placé, ainsi qu'il le dit lui-même, comme apprenti. Là, son zèle et son activité pour l'étude redoublèrent : il assista son premier maître auprès des malades, pansa les plaies et fit quelques saignées.

Ayant accompagné à Paris la femme du seigneur du Bourg-Hersent, il manifesta le plus vif désir de rester dans cette capitale, se sentant appelé à une profession qu'il devait tant honorer un jour.

Le Collége des chirurgiens, fondé en 1260, par J. Pitard, chirurgien de Louis IX, qu'il avait accompagné dans ses voyages à la Terre-Sainte, n'avait pas perdu tout l'éclat qu'avaient contribué à lui donner Lanfranc de Milan, agrégé à ce collége, Guy de Chauliac, chapelain, chambellan et médecin du pape Urbain V. Paré travailla avec une ardeur peu commune, et entra à l'Hôtel-Dieu, où il passa trois années. C'est là qu'il eut, comme il le dit, « le moyen d'apprendre beaucoup d'œuvres de chirurgie sur une infinité de malades, ensemble l'anatomie sur une grande quantité de corps morts. » Bientôt il se fit remarquer; et un homme qui professait alors avec éclat au Collége royal de France, Goupil, le distingua et voulut lui être utile. Déjà Paré pratiquait quelques opérations; Goupil lui fournit l'occasion d'en augmenter le nombre. Les armées françaises étaient en Italie; Paré manifesta vivement le désir de s'y rendre, et son protecteur contribua encore à le faire attacher au colonel général des gens de pied, le sieur de Monté-Jean, qui l'emmena en Italie, où il rendit de grands services et mérita l'estime générale : c'était en 1536, et, quoique fort jeune, il jouissait déjà d'une grande considération. On a dit que sa seule présence dans une ville assiégée suffisait pour ranimer l'espoir des combattants. Partout où il se trouva il montra la plus grande passion pour l'étude. Pendant son séjour à Turin, il s'attacha surtout à observer et il acquit beaucoup d'expérience. Quand on lit la relation de ses voyages, on est frappé du grand nombre de succès qu'il obtint en Italie.

Après la prise de Turin et la mort de son protecteur, le sieur de Monté-Jean, il revint en France. A son retour il prit ses grades au Collége des chirurgiens, à Paris, et devint prévôt de cette compagnie, corps distingué, étranger à la corporation des barbiers, et dont tous les membres avaient le titre de *chirurgiens lettrés*. Ambroise Paré reçut souvent l'ordre de se rendre dans les pays étrangers, dans les villes assiégées, sur les champs de bataille; et lui-même, dans la description de ses voyages, que plusieurs historiens ont consultée, nous fait connaître les services qu'il fut heureux de rendre, les découvertes et les opérations qu'il fit, et le nom des principaux personnages qui lui durent la vie. C'est ainsi qu'il accompagna les comtes de Rohan et de Laval, envoyés en Bretagne pour repousser les Anglais; qu'il alla au siége de Perpignan, où il sauva la vie au grand maître de l'artillerie, M. de Brissac; qu'il suivit l'armée à Landrecies, et que plus tard, au siége de Boulogne, il fit une cure presque miraculeuse. Un combattant avait reçu un coup de lance; le fer avait pénétré entre l'œil et le nez, s'était brisé et faisait saillie derrière l'oreille : au grand étonnement des chirurgiens, Paré arracha le fer avec des tenailles de maréchal, pansa et guérit la blessure. Ce combattant, c'était François de Lorraine, duc de Guise.

En 1551, Henri II nomma Paré son premier chirurgien. Peu de temps après, l'empereur Charles-Quint, à la tête d'une armée de cent mille hommes, attaqua la ville de Metz, défendue par une faible garnison. Plusieurs princes et une partie de la noblesse de France se trouvaient au nombre des assiégés; presque toutes les blessures étaient mortelles : la consternation se répandit, et le courage abandonnait les soldats. Il fallut supplier le roi d'envoyer Paré. Les obstacles et les dangers ne l'arrêtèrent pas; il arriva au milieu d'eux et leur apparut comme un génie bienfaisant. « Le lendemain de ma venue, dit-il, je ne faillis d'aller à la brèche, où je trouvoi tous les princes et seigneurs, et me reçurent avec une grande joie, me faisant cet honneur que de m'embrasser et de me porter dans leurs bras, adjoustant qu'ils n'avoient plus peur de mourir, s'il advenoit qu'ils fussent blessés. »

En 1553, le roi envoya Paré à Hesdin. Après une admirable défense, la ville fut prise; Paré y fut fait prisonnier, et sa conduite à cette occasion suffit pour l'immortaliser. Tour à tour barbares et cupides, les Espagnols massacraient impitoyablement les pauvres soldats, et exigeaient du roi de France de fortes rançons pour les prisonniers de distinction. Ambroise Paré se déguise en soldat; mais bientôt la vie d'un prisonnier est en danger : il n'hésite pas, il le soigne et se découvre. Le chirurgien de l'empereur veut l'attacher à lui, il rejette ses offres; il insiste, même refus : « Enfin, je lui dis tout à plat que je ne voulois point. » Le duc de Savoie, ce farouche général, le fait venir devant lui; il cherche à le gagner par d'éblouissantes promesses. Inflexible dans les fers, Ambroise répond qu'il a délibéré de ne demeurer avec nul étranger. « Ceste mienne response entendue par le duc de Savoie, il se coléra aucunement, et dit qu'il me falloit envoyer aux galères. » Mais un officier allemand au service du duc de Savoie, le seigneur de Vaudeuille, gravement blessé à la jambe et abandonné de ses chirurgiens, réclame les soins de Paré : s'il le guérit, il lui promet sa liberté, sinon il le fera pendre; et Paré le guérit, et Vaudeuille le renvoie en France sous bonne escorte. Que de patriotisme, que d'héroïsme, que d'humanité!... Il sauve une forte rançon à l'Etat, il expose ses jours pour conserver ceux des Français malades; il refuse les honneurs, la fortune; il est outragé, menacé : il s'en venge en rendant la vie à son ennemi.

Ambroise Paré, à son arrivée à Paris, reçut les témoignages de la plus vive reconnaissance. Il y passa plusieurs années, pendant lesquelles « il ne se trouva cure, tant grande et difficile fût-elle, où sa main et son conseil n'eussent été requis. » Mais les guerres continuelles ne permettaient pas que ce grand chirurgien restât longtemps sur le même théâtre. En 1557, les Français blessés à la bataille de Saint-Quentin réclamaient ses secours; il s'y rendit et eut la douleur de ne pouvoir arriver jusqu'au connétable de Montmorency, prisonnier du duc de Savoie, qui gardait un profond ressentiment contre Ambroise Paré. Pendant dix années, il porta les lumières et les bienfaits de son art partout où il y avait des Français à arracher à la mort. Au siége de Rouen, le roi de Navarre, Antoine de Bourbon, blessé dans la tranchée d'un coup de feu à l'épaule, voyant l'incertitude dans l'esprit de ses médecins et de ses chirurgiens, demanda Paré : il annonce une issue funeste, déclare aux médecins, qui ne partagent pas son avis, que la blessure est mortelle; le roi veut se faire transporter à Paris par bateau, et meurt aux Andelys. A la bataille de Dreux, le nombre des blessés était considérable, et presque toutes les blessures graves : il parvint par ses soins admirables à sauver beaucoup de monde. A la bataille de Saint-Denis, malgré les soins les plus éclairés et les plus touchants, il ne put sauver les jours du connétable de Montmorency, blessé mortellement. Deux ans après, à la bataille de Moncontour, il prodigua ses soins aux guerriers atteints de blessures dangereuses et les arracha à la mort : M. de Bassompierre et plusieurs officiers lui durent la vie en cette occasion.

Le nom d'Ambroise Paré retentit partout : les étrangers réclamèrent souvent ses conseils et ses soins, et plus d'une fois les princes et seigneurs des pays en guerre avec la France supplièrent le roi de leur envoyer son chirurgien. Ne connaissant point d'ennemis, Paré se montrait toujours généreux et humain, et semblait heureux des services qu'il rendait. Il avait sur son art des idées si éle-

vées, qu'il disait que « l'opération médicale
appelée chirurgie, les œuvres de main qui
guérissent les hommes, lui paraissaient une
occupation si belle, que les dieux devaient
l'avoir enseignée ou pratiquée eux-mêmes ! »
Quand on lit les œuvres d'Ambroise Paré, on
y retrouve à chaque page des traits de la
plus touchante humanité. Quels soins aux
malheureux ! quelle sollicitude pour ces pauvres blessés ! Abandonnés, glacés et voués à
une mort inévitable, Paré les recueille, les
réchauffe dans son sein, les guérit et jouit de
leur reconnaissance !

Avant Paré, les médecins, alors tout-puis-
sants et jaloux, avaient longtemps fait peser
un joug de fer sur la chirurgie ; cette bran-
che de l'art de guérir avait eu à lutter contre
leur despotisme ; mais pendant cette lutte,
tantôt épuisée, tantôt vaincue, elle avait toujours su se relever. Enfin apparut ce génie
qui devait la faire briller d'un nouvel éclat.
Paré renversa les erreurs, les préjugés, se-
coua le joug de la routine. A son exemple, et
comme entraînés par l'impulsion qu'il donnait,
les chirurgiens de tous les pays se livrèrent
à de nouveaux travaux, inventèrent des opérations et perfectionnèrent celles qui étaie

connues. L'Allemagne, l'Espagne, l'Italie admirèrent et voulurent imiter le chirurgien français.

L'humanité souffrante fut redevable à ce chirurgien des plus heureuses améliorations. Au XVᵉ siècle, la plupart des opérations étaient plus dignes d'un barbare que d'un chirurgien, et les malades aimaient mieux mourir que de s'y soumettre. Paré simplifia le pansement des plaies, bannit de leur traitement les emplâtres, les onguents, les huiles bouillantes, détruisit les erreurs relatives aux plaies d'armes à feu, que l'on croyait généralement empoisonnées ou accompagnées de brûlure, et que l'on pansait, d'une manière absurde et cruelle, avec les huiles de sambuc, des caustiques actifs, et d'autres applications irritantes. Paré raconte, en parlant des blessés qu'il soignait, comment il fut amené, pendant son voyage en Italie, à faire ces remarques et à opérer cette réforme : « Mon huile me manqua, et fus contraint d'appliquer en son lieu un digestif fait de jaunes d'œufs, d'huile rosat et térébenthine. La nuit, je ne pus bien dormir à mon aise, craignant, par faute d'avoir cautérisé, de trouver les blessés où j'avais failli à mettre ladite huile morts empoisonnés, qui me fit lever de grand matin pour les visiter; où, contre mon espérance, trouvay ceux auxquels j'avois mis le digestif sentir peu de douleur, et leurs plaies sans inflammation ni douleur, ayant assez bien reposé la nuit; les autres où l'on avoit appliqué ladite huile bouillante, les trouvay fébricitants, avec grande douleur et tumeur aux environs de leurs plaies : adonc je me déliberay de ne jamais plus brûler ainsi cruellement les pauvres blessés d'arquebusades. » Il publia à ce sujet un ouvrage remarquable, qui a eu plusieurs éditions. (*Manière de traiter les plaies d'arquebuses;* in-8°, Paris. La dernière édition est de 1564.) Les chirurgiens ne connaissaient avant lui d'autre moyen, pour prévenir ou arrêter les hémorrhagies après les amputations, que de plonger le membre dans l'huile bouillante pour le cautériser. Paré supprima cette pratique barbare; il la remplaça par la ligature des vaisseaux, qu'il appliqua souvent dans d'autres cas où l'impéritie des chirurgiens mettait la vie des blessés dans le plus grand danger. S'il n'inventa pas ce procédé, il mérita du moins la gloire de cette heureuse innovation, et fut assez modeste pour s'en dépouiller en face des anciens; car qui croirait que l'envie, acharnée à le poursuivre, lui faisait un crime de ses découvertes! C'est lui qui, le premier, fit l'amputation dans l'articulation de l'épaule, et réunit par première intention, c'est-à-dire en rapprochant exactement les chairs pour amener une prompte cicatrisation.

La réduction des luxations était opérée d'une manière si cruelle, qu'il nous répugne de la rappeler ici. Ambroise Paré la réforma, et en cela, comme dans toutes les autres parties de la chirurgie, il se montra homme de génie. Il avait, sur les fractures des membres, les idées les plus justes. Il s'est montré encore là grand observateur : ayant eu la jambe gauche fracturée et déchirée par les os, il fit preuve d'un courage stoïque et d'une présence d'esprit rare. Il dirigea lui-même le chirurgien chargé de lui donner des soins.

Ambroise Paré inventa une foule de procédés opératoires, et ne se contenta point d'exercer son art avec distinction : il transmit les fruits de son expérience dans un ouvrage immortel, remarquable par les grâces naïves, la vérité de l'expression, et par ce charme ineffable attaché à toutes les productions du génie. Les œuvres d'Ambroise Paré, conseiller et premier chirurgien du roi, divisées en vingt-huit livres in-folio, ont eu un grand nombre d'éditions, et ont été traduites en plusieurs langues étrangères. M. le professeur Richerand, qui a si bien su rendre hommage au mérite de ce célèbre chirurgien, dit que ses écrits, si remarquables par le nombre et la variété des faits, se distinguent éminemment de tous ceux de son siècle en ce que les anciens n'y sont point l'objet d'un culte superstitieux. Affranchi du joug de leur autorité, il soumet tout au creuset de l'observation, et reconnaît l'expérience seule pour guide.

Ambroise Paré n'était pas seulement homme de génie, il était savant, et s'occupait beaucoup d'histoire naturelle. Il s'était livré à l'étude des langues étrangères; la langue italienne avait surtout du charme pour lui, et il se plaisait à la parler avec Catherine de Médicis, qui appréciait Paré, et le défendit souvent avec chaleur contre les attaques insidieuses de ses adversaires. Chirurgien des rois Henri II, François II, Charles IX et Henri III, Ambroise mérita leur confiance et leur amitié; et quand ses ennemis voulurent faire planer sur lui des soupçons d'empoisonnement sur la personne du roi, la reine indignée s'écria : « Non, non, Ambroise est trop homme de bien et notre bon ami pour avoir eu la pensée de ce projet odieux. »

Sa grande renommée lui sauva la vie dans l'horrible nuit de la Saint-Barthélemy. Attaché à la religion protestante, il n'aurait pas échappé au massacre, si Charles IX lui-même n'eût pris soin de l'en garantir. Les historiens du temps, et l'on peut consulter à ce sujet les mémoires de Sully, ont conservé le souvenir de cette exception, si honorable pour celui qui en fut l'objet, quoiqu'elle ne puisse diminuer l'horreur qu'inspire la mémoire de ceux qui furent les instigateurs de cet exécrable drame. « Il n'en voulut jamais sauver aucun, dit Brantôme en parlant de Charles IX, sinon maistre Ambroise Paré, son premier chirurgien, et le premier de la chrétienté; et l'envoya querir et venir le soir dans sa chambre et garde-robe, lui commandant de n'en bouger; et disoit qu'il n'estoit raisonnable qu'un qui pouvoit servir à tout un petit monde fust ainsi massacré. »

Quand la peste désola Paris, la famille royale se réfugia à Lyon. Paré, fidèle à son devoir, demeura sur le théâtre de l'épidémie;

il s'exposa à tous les dangers, et sa vie fut plusieurs fois menacée. Il publia, par ordre du roi, un ouvrage sur cette maladie; mais Paré était chirurgien, et les traits de l'envie l'atteignaient déjà, lorsque, avec candeur, il s'empressa de dire qu'il avait compilé les bons médecins!

Le caractère d'Ambroise Paré était celui du vrai philosophe chrétien. Dans ses actions, comme dans ses écrits, on retrouve toujours la science appliquée à l'être souffrant, avec la plus touchante humanité, le génie créant et triomphant avec modestie. « Je le pansay, Dieu le guarit : » ainsi se termine dans ses ouvrages la description de ses succès. Il a mérité d'être appelé l'Hippocrate de la chirurgie. « Aux yeux des sages, les noms des plus grands conquérants s'abaisseront devant celui d'Hippocrate, » a dit Barthélemy, l'illustre auteur du *Voyage d'Anacharsis*; Ambroise Paré n'est-il pas digne de lui être comparé? Puissent les médecins se rappeler comme Paré que leur mission n'est pas matérielle, mais divine!

La ville de Laval doit s'enorgueillir d'avoir été le berceau d'un si grand homme. Pendant près de trois siècles rien n'y rappela le célèbre chirurgien! Cependant Bonaparte, cette vaste intelligence qui comprenait les temps, les hommes et les choses, promit 1,800 francs de pension au descendant d'Ambroise Paré dont la filiation serait constatée authentiquement. En 1804, le professeur Lassus se rendit à Laval, et fit connaître les intentions du premier consul : pas un descendant ne se présenta! A Paris, le buste en marbre d'Ambroise Paré, dû au ciseau du célèbre statuaire David (d'Angers), et portant cette inscription : *Je le pansay, Dieu le guarit*, décore le grand amphithéâtre de l'Ecole et la salle des séances de l'Académie de médecine.

Le 29 juillet 1840, a eu lieu à Laval, sur la place de l'Hôtel-de-Ville, l'inauguration du monument élevé à la mémoire d'Ambroise Paré. La statue colossale en bronze, que nous devons au génie et au désintéressement de David (d'Angers), a été découverte en présence des autorités civiles et militaires, du 15e régiment de ligne et de la garde nationale. L'affluence était immense. Les corporations de la ville, bannières déployées, étaient venues saluer ce jour d'apothéose. Les députations des Faculté et Académie de médecine, des Sociétés scientifiques, assistaient à cette solennité. Plusieurs discours ont été prononcés; l'éloquent secrétaire perpétuel de l'Académie de médecine, M. Pariset, a dignement interprété les sentiments de ce corps savant.

Appelé à l'honneur de représenter l'*Association des médecins de Paris*, je me suis empressé de donner à l'assemblée communication d'une lettre pleine de dignité et d'élévation, que m'avait adressée notre président, M. Orfila, en me chargeant de cette honorable mission, et j'ai ajouté en terminant :

« Aujourd'hui, Messieurs, vous ne rendez pas seulement hommage à l'illustre chirurgien que les rois de France, ainsi qu'on l'a dit heureusement, se léguèrent l'un à l'autre comme la partie la plus précieuse de leur héritage; Ambroise Paré ne fut pas seulement un habile et intrépide chirurgien, dont la présence sur les champs de bataille suffisait pour relever le courage abattu de nos guerriers; Ambroise Paré ne fut pas seulement courageux au milieu des dangers, stoïque dans la souffrance, inflexible dans les fers, consciencieux dans ses actions, modeste dans ses actions, modeste dans ses succès : Ambroise Paré fut, par-dessus tout, un homme de bien, et sa vertu fut un des plus beaux fleurons de sa couronne.

» Une de nos illustrations scientifiques et littéraires, brillante lumière qui vient de s'éteindre, le baron Richerand, professeur à l'Ecole de médecine de Paris, s'était toujours montré grand admirateur d'Ambroise Paré. Non content d'avoir cité, presque à chaque page de ses écrits, les préceptes du père de la chirurgie, il voulut encore, quelques mois avant de nous quitter pour toujours, rendre un dernier hommage à cet homme de bien. Il vint au sein de l'Académie de médecine, et demanda à lire une page remarquable d'un historien contemporain d'Ambroise Paré (Pierre de Lestoile), dont aucun de ses biographes ne paraît avoir eu connaissance.

» Ecoutons, Messieurs, le récit véridique de l'historien de ces temps de fureur et d'anarchie, pendant lequel Ambroise Paré conservait tout son courage, et les sublimes réflexions du professeur Richerand.

« Le jeudi 20 de décembre 1590, dit Pierre
» de Lestoile, mourust en sa maison maistre
» Ambroise Paré, chirurgien et conseiller du
» Roy, aagé de quatre-vingts ans, homme
» docte et des premiers de son art, qui, non

» obstant les temps, avoit tousjours parlé et
» parloit librement pour la paix et pour le
» bien du peuple, ce qui le faisoit autant
» aimer des bons comme mal vouloir et haïr
» des meschants, le nombre desquels surpas-
» soit de beaucoup l'autre, principalement à
» Paris, où les mutins avoient toute l'aucto-
» rité; non obstant lesquels ce bon homme,
» se fiant possible à ses vieux ans, comme
» Solon, ne laissoit à leur dire la vérité. Et
» me souviens qu'en viron huict ou dix jours
» au plus avant la levée du siége, M. de Lyon
» (un des chefs de la Ligue) passant au bout
» du pont Saint-Michel, comme il se trouva
» assiegé d'une foulle de menu peuple mou-
» rant de faim, qui lui crioit et lui demandoit
» du pain ou la mort, et ne s'en sachant com-
» ment depestrer, maistre Ambroise Paré,
» qui se rencontra là, va lui dire tout hault :
» Monseingneur, ce pauvre peuple ici que
» vous voiés autour de vous meurt de male
» rage de faim, et vous demande miseri-
» corde. Pour Dieu, Monsieur, faites-la-lui,
» si vous voulés que Dieu vous la fasse, et
» songés un peu à la dignité en laquelle Dieu
» vous a constitué, et que les cris de ces pau-
» vres gens qui montent jusques au ciel sont

» autant d'agjournements que Dieu vous en-
» voie pour penser au deu de vostre charge,
» de laquelle vous lui estes responsable; et
» pourtant selon icelle, et la puissance que
» nous sçavons tous que vous y avés, pro-
» curés-nous la paix ou nous donnés de quoi
» vivre, car le pauvre monde n'en peult plus.
» Voiés-vous pas que Paris perit au gré des
» meschants qui veulent empescher l'œuvre
» de Dieu, qui est la paix? Opposés-vous-y
» fermement, Monsieur, prenant en main la
» cause de ce pauvre peuple affligé, et Dieu
» vous benira et vous le rendra. A quoi,
» ajoute Lestoile, M. de Lyon ne respondit
» quasi rien, si non que, contre sa constumé,
» s'estant donné la patience de l'ouïr tout du
» long sans l'interrompre, il dit après que ce
» bonhomme l'avoit tout estonné, et qu'en-
» cores que ce fust un langage de politique
» que le sien, toutefois qu'il l'avoit res-
» veillé et fait penser à beaucoup de cho-
» ses. »

» Que l'on se figure un moment l'un des
plus puissants chefs de la Ligue, suivi d'une
nombreuse escorte de gentilshommes armés,
redoutables spadassins, s'arrêtant subjugué
par l'ascendant de la vertu, et comme atterré

par l'éloquence mâle et forte d'un homme de bien ! »

Que seraient, auprès d'un tel langage, les éloges les plus pompeux et tout l'art des panégyristes?

BICHAT.

—

BICHAT (Marie-François-Xavier) était né
dans un village loin de Paris, à Thoirette,
département de l'Ain, le 11 novembre 1771,
de Jean-Baptiste Bichat, docteur en médecine, et de Marie-Rose Bichat. Il fut destiné
dès son enfance à l'état ecclésiastique. Les
premiers succès qu'il avait remportés au
collége de Nantua le firent envoyer à Lyon
dans un séminaire.

Le séminariste de Lyon abandonne bientôt
la théologie pour les études médicales, il suit
d'abord les cours d'anatomie et de chirurgie
de Marc-Antoine Petit, chirurgien de l'Hôtel-
Dieu de Lyon. Cet illustre et habile professeur, qui remarqua l'assiduité et le zèle du

jeune Bichat, lui trouva bientôt assez de talent pour l'admettre à partager ses travaux et l'associer à son enseignement, avant sa vingtième année accomplie. Il était dans la destinée de Bichat d'être aimé de ses maîtres : mais jamais élève ne se montra plus digne de cette affection et de cette confiance! Bichat, parmi les plus grands génies de tous les pays et de tous les temps, est encore un des plus illustres modèles de dévoûment et de reconnaissance !

Quand il éclate une révolution à Paris, Lyon ne tarde pas à en ressentir le contre-coup. Toutes les horreurs de la guerre civile accablèrent cette malheureuse cité, à l'époque dite de la Terreur. Après le siége de Lyon, où tant de victimes succombèrent, Bichat, plus heureux que l'abbé Rozier (1), échappa aux bombes des assiégeants et à la mitraille des agents révolutionnaires après la victoire, et parvint à gagner Paris, vers la fin de 1793.

Dans la foule des élèves que la renommée de Desault attirait à l'Hôtel-Dieu et que la puissance de son enseignement y retenait,

(1) Tué par une bombe au moment où il venait de panser des blessés. (*Hommes utiles*, collection de l'an 1835.)

Bichat ne pouvait pas tarder à mériter, comme à Lyon, l'attention du maître. Le hasard fournit bientôt au provincial nouveau-venu l'occasion de se faire connaître.

Chaque jour, au cours de Desault, la leçon commençait par un résumé analytique des documents présentés la veille. Le lendemain d'une leçon que le professeur avait consacrée à une dissertation sur la fracture de la clavicule, dont le traitement rappelait un des plus beaux titres de Desault en chirurgie, l'élève chargé de la récapitulation se trouve absent. Pour le remplacer, le chirurgien en second fait un appel aux nombreux auditeurs : Bichat se présente, et par l'exactitude de l'analyse qu'il donne, l'ordre qu'il conserve dans son résumé, la solidité de ses raisonnements, la finesse de ses vues qui, présentées avec modestie, tendaient à perfectionner le procédé et démontraient la puissance d'intelligence avec laquelle l'ensemble et les détails de la leçon avaient été saisis, le rapporteur improvisé révèle à ses condisciples toute sa supériorité. Desault, instruit de ce qui s'était passé dans cette séance mémorable, témoigna le plus vif désir de connaître Bichat. Quelques instants d'entretien suffirent à ces deux hommes, entraînés l'un vers l'autre par une sympathie si vive.

Desault adopta avec enthousiasme pour compagnon d'études, pour son émule et pour son ami, et traita comme son fils l'ancien élève de Petit : Bichat ne perdait pas au change.

Dans la nouvelle position qui lui était offerte, doué d'une grande facilité et s'appuyant déjà sur des études immenses, Bichat eut conscience de sa force et n'eut plus qu'un désir, celui de justifier l'estime et la confiance que lui témoignait Desault. Pour donner une idée de son ardeur au travail, nous transcrivons cette citation de Buisson, qui fut lui-même un des élèves distingués de Bichat : « L'unique délassement que Bichat se permît, c'était de varier ses occupations. Outre le service de chirurgien externe qu'il faisait à l'Hôtel-Dieu, il était chargé de visiter tous les jours au-dehors une partie des malades de Desault, de l'accompagner partout pour le seconder dans ses opérations, de répondre par écrit à un grand nombre de consultations envoyées des départements, et lorsque la journée avait été employée en des travaux semblables, une partie de la nuit se passait encore à aider Desault dans ses recherches sur divers points de chirurgie. Cet illustre praticien avait entrepris un cours fort étendu de maladies des os. Avant chaque leçon, il devait être présenté une exposition méthodique de la doctrine des différents auteurs, depuis Hippocrate, sur le point qui allait être traité. Bichat fut encore chargé de ce travail surajouté à tant d'autres. Sa facilité prodigieuse lui faisait trouver encore quelques moments de liberté, et ces moments si courts, il les employait soit à perfectionner par la dissection ses connaissances anatomiques, soit à s'exercer aux opérations, soit à discuter avec ses amis quelque point chirurgical ou physiologique.

Telles étaient les occupations qui absorbaient tous les moments de Bichat, lorsqu'une mort inattendue vint frapper Desault (1795). La vive et profonde douleur dont Bichat fut pénétré par cette perte ne s'exhala point en de stériles gémissements. La veuve de son maître et de son ami reçut de lui toutes les consolations du fils le plus tendre : le fils de Desault, homme médiocre, fut traité comme un frère par cet homme de génie, dont la piété vraiment filiale prépare pour l'illustre mort le plus beau monument! Dans le quatrième volume du *Journal de Chirurgie*, Bichat paie un premier tribut d'éloges à la mémoire de son maître et de son ami; mais bientôt il fait plus. Dans le monde médical on savait que Desault n'avait point écrit, et deux volumes paraissent, deux ans après sa mort (1797), sous ce titre : *OEuvres chirurgicales de Desault* ou *Tableau de sa Doctrine et de sa Pratique dans le Traitement des Maladies externes*; c'est le grand chirurgien qui revit par les souvenirs et les travaux de son élève.

Il reste bien peu de jours encore à Bichat pour accomplir sa glorieuse et courte carrière, mais il va marquer chaque année par d'immortelles œuvres. On peut déjà qualifier ainsi les *Mémoires* dont il enrichit, en 1796, le *Recueil de la Société Médicale d'Emulation*. Son brillant essor en physiologie et en médecine est marqué par le volume qu'il publie en 1799, sur les principes de Desault, pour faire suite aux deux volumes de 1797. Il avait commencé à professer, dans l'hiver de 1797, l'*Anatomie* et la *Chirurgie opératoire*. A ces deux cours, l'année suivante (1798), il en ajouta un de *Physiologie*. Ce fut deux années après que, par son *Traité des Membranes*

(1800), Bichat mérita de fixer l'attention de tous les savants français et étrangers. Ses *Recherches physiologiques sur la Vie et la Mort* (1800) n'eurent pas moins de succès ; enfin parut l'*Anatomie générale appliquée à la Physiologie et à la Médecine* (1801) : c'est là le grand titre de gloire de Bichat ; œuvre capitale, immense progrès qui faisait concevoir de si brillantes espérances, sitôt détruites par une mort prématurée !

Dès l'année 1800, déjà premier médecin de l'Hôtel-Dieu de Paris, à vingt-huit ans, à l'âge où Napoléon s'était élancé le plus grand général du siècle, Bichat ne s'était pas montré moins grand en médecine qu'en physiologie. Il porta dans la pratique médicale cette même méthode d'observation et d'expérience qui l'avait fait marcher si rapidement dans les études physiologiques. On retrouve bien l'élève de Desault dans ces paroles que Bichat prononçait peu de temps avant d'expirer : « Si je suis allé si vite, c'est que j'ai peu lu. Les livres ne doivent être que le mémorial des faits : or, en est-il besoin dans une science où les matériaux sont toujours près de nous, où nous avons les livres vivants, en quelque sorte, les morts et les malades ? » Il ne faudrait pas cependant adopter ces paroles dans une signification trop exclusive. Comment renoncer à étudier les livres de Bichat lui-même !

Le vaste génie de Bichat lui permettait d'entreprendre et de mener de front tous les travaux qui auraient paru exiger les facultés de plusieurs hommes supérieurs. Il était l'homme capable de faire comprendre à Desault que l'union de la médecine et de la chirurgie n'était pas un fléau pour la science. Il avait commencé un traité d'*Anatomie descriptive* qui fut achevé par deux de ses élèves les plus distingués, Buisson et Roux. Toujours infatigable, il voulait aussi, d'après sa méthode, donner à la matière médicale l'exactitude qui lui manquait. Il se proposait d'étudier isolément l'influence des médicaments sur les propriétés vitales, ensuite de les administrer deux à deux, trois à trois, en notant les effets de leurs combinaisons. Quarante jeunes gens le secondaient dans cette entreprise, qui fut le sujet d'un cours qu'il ne put terminer.

Les qualités morales de Bichat le faisaient aimer autant qu'on l'admirait. Toujours disposé à recevoir les objections, il se rendait sans peine quand elles lui paraissaient raisonnables : sa bonté naturelle, la douceur de son caractère lui permettaient d'écouter sans impatience même celles qu'il n'adoptait pas. Bichat avait conservé un sentiment si vrai et si profond de reconnaissance pour les bienfaits de ses deux maîtres, Marc-Antoine Petit et Desault, qu'il se faisait un devoir d'agir de même avec ceux de ses élèves que leur peu de fortune pouvait arrêter dans leur carrière. Son désintéressement, sa générosité achevaient de lui gagner les cœurs. Il faisait d'ailleurs un bon choix dans ceux qu'il admettait à son intime confiance. Tous les jeunes étudiants dont il s'était entouré devaient se placer un jour parmi nos plus illustres maîtres !

Les étrangers ne l'estimaient pas moins que les nationaux. Le dernier élève de la grande école de Leyde, le célèbre Sandifort, avait déjà dit : « Dans six ans votre Bichat aura dépassé notre Boërhaave ! » Aussi, que de regrets à sa mort !

Ce fut au moment où il allait triompher de tous les obstacles, lorsqu'il se proposait d'enseigner en même temps les cinq branches fondamentales de l'art de guérir (anatomie, physiologie, médecine, anatomie pathologique et matière médicale), qu'une chute faite sur l'escalier de l'Hôtel-Dieu lui suscita une fièvre putride-maligne dont il puisait d'ailleurs continuellement le germe dans ses innombrables dissections (en six mois, il ouvrit plus de six cents cadavres) et dans les amphithéâtres, où il ne cessait de surveiller, même pendant l'été, les pièces d'anatomie pathologique soumises à la macération. Il succomba entre les bras de sa mère d'adoption, (1) la veuve de son ancien maître, le 3 thermidor an x (22 juillet 1802).

Corvisart, âme noble et sans envie, écrivit au premier consul, lorsque Bichat eut rendu le dernier soupir : « Bichat vient de mourir... Il est resté sur un champ de bataille qui veut aussi du courage et qui compte plus d'une victime. Personne en si peu de temps n'a fait tant de choses et aussi bien!... » Ce fut le ministre de l'intérieur qui reçut la réponse du premier consul à cette lettre de Corvisart. On voit encore à l'Hôtel-Dieu la table de marbre portant les noms réunis

---

(1) BICHAT, né en 1771, est mort à trente-et-un ans, et non pas à vingt-huit, comme le croyait le premier consul.

de DESAULT et BICHAT! La ville de Paris
a depuis donné le nom de Bichat à l'une
de ses rues. Le département de l'Ain lui
a consacré un monument : David a fait son
buste.

DUPUYTREN.

Quel est cet homme à la démarche lente
et grave, à l'air pensif et mélancolique, au
maintien si noble et si plein de dignité, au
front vaste, à l'œil d'aigle, à l'accent péné-
trant et persuasif? Quel est cet homme que
l'on craint, que l'on veut regarder et entendre,
dont on s'approche avec curiosité et qu'on
écoute avec inquiétude, que l'on contemple
avec avidité et qui fait naître en vous un
indicible besoin d'admiration, de vénération,
d'envie, de regrets, d'espérance? Quelle est
cette espèce de demi-dieu parmi nous? C'est
DUPUYTREN!

Depuis que le grand chirurgien de l'Hôtel-
Dieu, l'immortel Dupuytren, nous a quittés,

ne se passe pas un jour sans que des regrets ne lui soient donnés, sans que le souvenir de ses lumières ne soit invoqué, sans que son nom ne se retrouve dans la bouche de chacun, sans qu'il ne soit cité dans la science, à chaque page, à tout moment. Il semble qu'un indéfinissable embarras vous arrête; on se demande avec anxiété pourquoi cette hésitation, pourquoi cette confiance ébranlée, pourquoi cet espoir qui oscille, s'échappe et s'éteint? C'est que Dupuytren n'est plus là, lui, avec la puissance de son regard, de son jugement; avec son infaillible diagnostic et l'influence magnétique de sa parole. Il y a comme une idée de désespoir qui vous saisit en pensant à l'illustre maître. Il est en effet des pertes irréparables, des vides que rien ne peut remplir!

Né à Pierre-Buffière, petite ville de la Haute-Vienne, en 1777, GUILLAUME DUPUYTREN fut, à l'âge de trois ans, momentanément enlevé à sa famille. D'une beauté remarquable, il attira l'attention d'une dame riche qui voyageait : privée d'enfant et cédant au désir irrésistible de se donner un fils, elle conçut, en le voyant, le projet qu'elle mit aussitôt à exécution ; elle l'emporta. Le père de Dupuytren partit, et rejoignit sur la route de Toulouse celle qui lui ravissait ce trésor, et qui ne s'en sépara qu'en donnant des signes de la plus vive douleur. Ce fut là le premier événement d'une vie qui devait être marquée par tant d'autres.

La modeste fortune de son père, avocat au parlement, avait cependant permis que le jeune Dupuytren fût placé au collége de Magnac-Laval, où il commença quelques études. Giraud, son compatriote et aussi chirurgien de l'Hôtel-Dieu, avait été élevé à ce même collége. En 1789, alors âgé de douze ans, il était en vacances à Pierre-Buffière, quand arriva un régiment de cavalerie. Un officier l'aperçoit, et le fixant particulièrement, paraît frappé de l'expression de sa figure : il lui adresse quelques questions, auxquelles Dupuytren répond avec vivacité et précision; dès-lors il doit encore être enlevé, mais cette fois ce sera de sa propre volonté. L'officier lui propose de l'emmener à Paris; cette offre le transporte de joie, il l'accepte, obtient le consentement de sa famille et quitte Pierre-Buffière, se livrant avec confiance à un inconnu, mais déjà le cœur plein d'ardeur et surtout d'espérance.

Le frère de l'officier qui venait de se déclarer son protecteur, M. Goësnon, était recteur du collége de la Marche, rue de la Montagne-Sainte-Geneviève. A son arrivée à Paris, Dupuytren y fut admis, et trouva ainsi un second protecteur. Il ne tarda pas à se faire remarquer par ses heureuses dispositions et son étonnante application à l'étude. Il remporta plusieurs prix et se distingua en philosophie. C'est à ce même collége qu'il vaccina, plus tard, les enfants de Toussaint-Louverture, qui y avaient été placés par le premier consul. Son goût pour les sciences naturelles le porta surtout à cultiver l'anatomie; il s'y livra avec ardeur, ainsi qu'à l'anatomie pathologique et à la chirurgie. Thouret, directeur de l'Ecole de Santé qui venait d'être instituée (nivôse an III), contribua, par ses encouragements, à le décider pour la chirurgie, cette partie si importante de la médecine. Il l'avait pour ainsi dire deviné; et quelques années plus tard l'Ecole de Montpellier demandant un professeur à la Faculté de Paris, et désignant Dupuytren, Thouret put répondre : « Vous n'êtes pas assez riches à Montpellier pour payer un tel homme! » Tout occupé de ses difficiles et pénibles études, il ne négligea pas une science qui a fait tant de progrès depuis, la chimie, et fut préparateur de Bouillon-Lagrange et de Vauquelin. Il habitait une petite chambre au cinquième étage, et supportait avec courage les fatigues du jour et d'une partie des nuits.

En 1795, à peine âgé de dix-huit ans, Dupuytren fut nommé, au concours, prosecteur de l'Ecole de Santé. Il avait quitté le collége, et occupait une modeste chambre dans le couvent des Cordeliers, depuis hôpital clinique de la Faculté, lorsqu'il reçut un jour la visite d'un homme qui l'avait remarqué et qui avait conçu la pensée d'en faire un apôtre de sa doctrine : c'était Saint-Simon. Dupuytren travaillait en ce moment dans son lit, et bravait ainsi la rigueur du froid. Après un entretien de quelques instants, Saint-Simon se retire. Dupuytren apercevant un objet sur le poêle glacé, se lève et y trouve une somme de deux cents francs. Aussitôt il s'habille, rejoint Saint-Simon et lui remet la somme, en l'accusant de distraction. (*H. Pariset.*)

Corvisart faisait alors ses admirables leçons : Dupuytren est bientôt distingué par le savant professeur, qui l'appelle à lui pour l'aider dans ses recherches. Il semble se multiplier : à la Salpêtrière, il suit les cours de Pinel; à la Charité, il s'attache à Boyer, son premier maître en anatomie; au Jardin des Plantes, assidu aux démonstrations de Cuvier, il se livre à l'anatomie comparée. Le zèle de Dupuytren redouble; doué d'une force de volonté peu commune, il comprend ce qu'il est, il prévoit ce qu'il peut être. Il se livre à l'enseignement, et, dans des cours particuliers, sa facile élocution, l'étendue et la variété de ses connaissances fixent l'attention et attirent la foule.

En 1801, il devient chef des travaux anatomiques; et, profitant de sa position, il porte un œil investigateur dans ces désordres infinis et bizarres de l'organisme, donne l'impulsion aux études d'anatomie pathologique, forme un nouveau corps de science. En 1802, Dupuytren, riche de faits et d'observations, écrit plusieurs Mémoires qu'il lit à la société de l'Ecole, à laquelle il présente de nombreuses pièces, et dont il devient membre. Dans la même année, un concours est ouvert dans l'église de l'Oratoire; il se présente, et obtient la place de chirurgien en second à l'Hôtel-Dieu : il remplace son compatriote Giraud, envoyé en Hollande comme chirurgien du roi.

En 1808, il est nommé chirurgien en chef adjoint. En 1812, dans un brillant concours, après avoir lutté contre de puissants athlètes et triomphé avec éclat, Guillaume Dupuytren est proclamé professeur; il monte dans la chaire de médecine opératoire et remplace Sabatier. En 1815, Pelletan, premier chirurgien de l'Hôtel-Dieu, se retire, et Dupuytren devient chirurgien en chef. Nous aimons à rappeler ici que, sur la demande formelle qu'en fit Dupuytren à M. de Barbé-Marbois, le conseil général des hôpitaux conserva à son prédécesseur les appointements de chirurgien en chef, qu'il reçut jusqu'à sa mort! « Quand on le vit paraître seul, dit M. Pariset, sur les ruines de Pelletan, sur les cendres de Bichat et de Desault, une surprise mêlée d'inquiétude et de défiance s'empara des esprits. Dupuytren n'était pas connu, il va l'être; mais pour entrer avec faveur dans ces imaginations effarouchées, pour les calmer, pour les attirer à lui, il sent qu'il doit adopter un système de conduite tout nouveau, et faire ce que nul autre n'avait fait jusque-là. Ce n'était plus la médecine opératoire qu'il

allait enseigner, c'était la clinique chirurgi-
cale, c'est-à-dire la partie de la science qui
suppose, dans qui ose l'exercer, les qualités
les plus rares, des sens exquis, une main
sûre, prompte, légère, une pitié mâle, un
esprit étendu, meublé de faits, profond, sa-
gace, et dans les dangers imprévus vif et
calme, hardi et prudent, plein de ressources
et de fermeté. »

Ce fut alors que Dupuytren déploya les
moyens infinis qu'il avait en lui. Là commença, se développa et s'établit cette brillante renommée qui retentit dans les deux
mondes. Activité, zèle, attention dans le
service et dans l'enseignement, tout en lui
fut admirable.

Dupuytren se rendait à l'Hôtel-Dieu le
matin de fort bonne heure : longtemps on le
vit y arriver avant le jour; pendant plus de
douze ans il fit une seconde visite le soir. A
son entrée, il faisait l'appel des élèves employés dans son service; il était sévère, exi-
geant, mais toujours dans l'intérêt des malades. Entouré d'une foule immense, recueillie,
avide d'entendre et de voir, il se montrait
ordinairement silencieux et grave; il ne
s'arrêtait pas à chaque malade, mais aucun

ne lui échappait (on a compté plus de trois cents lits dans son service). Les arrivants, les nouveaux opérés, ceux dont l'état réclamait ses soins, étaient interrogés, examinés, pansés par lui avec une attention scrupuleuse. Quelques opérations étaient pratiquées dans le grand amphithéâtre de l'Hôtel-Dieu. Une ou deux questions adressées au malade lui suffisaient souvent; si parfois des doutes s'élevaient dans son esprit, il prolongeait son examen; il commençait toujours à interroger les malades avec douceur et encouragement : mais il faut le dire, rarement ils savaient répondre. Un entendement méthodique comme le sien semblait vouloir qu'on le comprît et qu'on y répondît : c'est ce qui n'arrivait pas. Une remarque de presque tous les jours, dans les hôpitaux, est l'opiniâtreté que mettent les malades à cacher la vérité, aussi Dupuytren disait-il : « La gent malade est éminemment menteuse. » Que de fois l'avons-nous vu s'efforcer d'arracher à ces malheureux obstinés des aveux qui lui coûtaient une peine infinie à obtenir; souvent alors, poussé à bout, il s'aigrissait, sa voix devenait plus élevée, saccadée, sa figure s'animait; il souffrait visiblement, et tandis qu'il ne cherchait que la vérité d'où dépendait le salut des malades, on l'accusait de dureté !

Il était admirable avec les enfants : il les aimait, les caressait, et se livrait avec eux à une joie naïve quand il les avait soulagés. Peut-être n'avait-il que là de véritable abandon ! Peut-être n'avait-il que là de véritable jouissance ! Dupuytren connaissait trop bien le cœur humain ; il savait que dans cet âge d'innocence et de candeur on ne rencontre ni l'ingratitude ni l'injustice. Qui pourrait oublier ces scènes touchantes où, après avoir donné la vue à ces pauvres enfants nés aveugles, Dupuytren leur apprenait à regarder ! Chacun sait que l'aveugle de naissance qu'une opération vient de mettre en état de voir, ne sait pas regarder, fixer et distinguer les objets ; semblables à ces animaux qui, dans l'obscurité, s'assurent, au moyen de certains organes, de l'état des corps qui les entourent, ceux qui ne savent pas regarder, bien qu'ils soient aptes à cet acte, se servent de leurs bras et de leurs mains pour rectifier par le toucher les erreurs de la vue. Dupuytren, quelque temps après l'opération, donnait chaque jour une leçon à ces êtres si intéressants. Il laissait d'abord le petit malade s'assurer par ses mains de ce qu'il voyait; mais bientôt il le privait de ce seul moyen, en lui fixant les bras derrière le dos; il le plaçait ainsi à une extrémité de la salle et lui à l'autre, les assistants rangés de chaque côté; alors il l'engageait à venir à lui, et, touché de son embarras, il lui disait avec douceur : « Allons, mon fils, courez donc; » puis, lorsque l'enfant savait se diriger et regarder, et qu'il arrivait jusqu'à lui, lorsque enfin cette éducation de la vue était achevée, Dupuytren était heureux, car la joie du maître était aussi naïve que celle de l'élève, et cette expression si vraie de bonheur avait quelque chose qui portait à l'attendrissement.

Tout, en Dupuytren, était d'une intelligence supérieure; mais ce qui tenait du merveilleux était son diagnostic : il faut avoir été témoin des opérations d'un jugement aussi prompt et aussi juste pour n'en pas douter. Son œil vif plongeant en même temps que sa rapide pensée dans la profondeur des organes, découvrait ce qui était invisible à d'autres. S'agissait-il d'un abcès profond, obscur, douteux, soumis à une longue et inutile investigation étrangère, Dupuytren apparaissait, et déjà la maladie était jugée et opérée. Une luxation résistait-elle aux efforts des chirurgiens, un trait d'intelligence amenait une question imprévue, foudroyante parfois; l'attention du malade était distraite, les puissances physiques étaient vaincues par l'influence morale, les forces musculaires cédaient, et la luxation était réduite. « Vous vous adonnez à la boisson, Madame, je le sais; votre fils me l'a dit; » paroles terribles adressées par Dupuytren à une femme sobre et décente, dans l'impossibilité où il se trouve de remettre son bras luxé; attérée par cette apostrophe, elle va s'évanouir, mais le bras est replacé! « Remettez-vous, Madame, vous êtes guérie; je sais que vous ne buvez que de l'eau; c'est encore votre fils qui me l'a dit. » Nous regrettons de ne pouvoir entrer ici dans de plus longs détails, et citer encore des exemples de cette étonnante faculté qui ne s'est jamais affaiblie. La langueur même des derniers moments de Dupuytren n'avait ni émoussé cette finesse, ni ralenti cette promptitude. Un jeune homme avait été blessé depuis quelque temps; la veille de la mort de Dupuytren, on l'introduit dans sa chambre; une luxation du coude existe, elle a été méconnue d'un habile chirurgien : Dupuytren mourant la reconnaît d'un regard. (*M. Pariset.*)

Cependant, avec la plus admirable lucidité, des causes imprévues peuvent amener parfois des effets inattendus, terribles. Dupuytren, soumis à la loi commune des événements, s'est vu rarement, il faut le dire, surpris et malheureux, mais toujours calme : sa présence d'esprit savait pourvoir à tout, arrêter les accidents, les faire servir même au salut du malade; et dans ces mécomptes ou ces revers que nulle puissance humaine ne saurait empêcher, on l'a vu se montrer sublime et laisser dans l'esprit des auditeurs des préceptes ineffaçables.

Pendant la visite, l'esprit de Dupuytren avait amassé les matériaux qui allaient servir à une brillante leçon, et ces mots seuls : « Marquez ce numéro, » répétés plusieurs fois dans le cours de la visite, indiquaient quels étaient les malades dont il devait entretenir son auditoire. En quittant les salles, il entrait à l'amphithéâtre, où la foule l'attendait; et là, empressés comme au lit des malades, les élèves, les médecins, les professeurs, les célébrités étrangères, venaient s'asseoir et se former à l'école du grand maître. Il exposait avec clarté l'histoire de quelques maladies. Sa voix, basse d'abord, puis s'élevant graduellement, devenait sonore, entraînante; mais lorsqu'il venait à annoncer une de ces opérations graves et difficiles, la majesté paraissait assise sur son front; il y avait alors en lui quelque chose qui semblait d'une nature surhumaine! Il faisait ordinairement chaque jour plusieurs opérations, dans lesquelles il apportait un sang-froid si imperturbable, qu'il expliquait, en la pratiquant, chaque temps de l'opération; et comme il voulait que chacun pût voir, il n'hésitait pas à prendre des positions souvent gênantes pour lui, et qui le privaient de cette grâce à laquelle les chirurgiens attachent quelque mérite et beaucoup trop d'importance.

Dupuytren se montra chirurgien éminemment consciencieux. On a avancé qu'il opérait beaucoup, qu'il opérait trop souvent. Ceci est inexact : Dupuytren fut toujours sobre d'opérations, et l'on a dit avec raison qu'en montrant aux élèves toutes les routes

que son esprit avait battues pour arriver à
la vérité, il était persuadé qu'il les servait
mieux en leur enseignant des opérations
intellectuelles,ᵛ que des opérations de la
main.

Après avoir consacré quatre heures au
moins au soulagement des malades, à l'instruction des élèves, il ne quittait pas encore
l'amphithéâtre. Une foule de malades venus
de la ville, des campagnes, des provinces,
attendaient avec impatience ses avis. Pendant une ou deux heures, chaque jour, un
grand nombre de ces malheureux étaient
examinés et opérés par lui, et recevaient ses
conseils : c'était la consultation gratuite.
« Ces consultations sont une des institutions
qui font le plus d'honneur et qui rendent le
plus de services à l'humanité : par elles, les
classes les plus pauvres de la société se trouvent élevées au niveau des plus riches, et
reçoivent, malgré leur indigence, les mêmes
conseils que l'exigente opulence. Nous
avons souvent vu Dupuytren se lever pour
aller au-devant de ces malheureux; et, par
une louable prévenance, leur réserver à la
fin de ces consultations publiques un moment d'entretien duquel la foule des élèves
était écartée. »

« Jamais un devoir particulier n'a pu détourner Dupuytren de son service à l'hôpital, et il est sans exemple qu'il ait pris sur les pauvres le temps que les riches réclamaient de lui. » (MARX.) Pendant cette consultation, il était encore entouré de nombreux élèves qui recueillaient avidement ses paroles et ses prescriptions. Enfin arrivait le moment où il quittait l'Hôtel-Dieu : on le voyait toujours le même, toujours grave et mélancolique, déposer le tablier, recevoir son chapeau des mains de l'infirmier, prendre le petit pain remis chaque matin, de temps immémorial, au chirurgien, le placer sous son bras, et regagner lentement sa demeure de la place du Louvre, en traversant les quais et le Pont-Neuf, vêtu d'un simple et fort modeste habit vert, quelque temps qu'il fît, souvent accompagné par quelques jeunes médecins, qu'il continuait d'entretenir de ce qui avait fixé le plus particulièrement leur attention, ou écoutant ceux qui avaient quelques malades de la ville à lui recommander. Ainsi il avait déjà donné la moitié de la journée aux pauvres malades ! Le reste du jour était employé, soit à l'Ecole de Médecine, soit au sein des sociétés savantes dont il était membre; à sa correspondance médicale, à ses consultations particulières, à son immense clientèle. Chacun peut comprendre maintenant si Dupuytren a consacré sa vie à l'humanité, si Dupuytren a été un homme vraiment utile!

Quelques personnes pensent que Dupuytren a peu écrit : c'est sans doute parce qu'il n'a pas laissé d'énormes volumes; mais doit-on compter pour rien tous ses mémoires, ses savantes et éloquentes leçons orales de chaque jour, sur des sujets si variés; leçons qui, recueillies par ses élèves ou les rédacteurs de journaux scientifiques, ont produit des pages aussi brillantes que nombreuses, où l'on retrouve non-seulement l'esprit, les préceptes du maître, mais encore ses expressions, nous dirons presque sa touche, pour ne pas dire son style?

Nous ne pouvons pas parler avec détail des travaux de Dupuytren, et sans rappeler tous les procédés qu'il a mis en usage, tous les instruments qu'il a inventés, perfectionnés, nous citerons seulement les parties de la science qui ont fixé le plus particulièrement son attention. Les Œuvres de Sabatier, augmentées d'un volume, ont reçu une nouvelle édition, faite par ses soins et sous ses yeux. Il a écrit sur l'anatomie, la physiologie, l'anatomie pathologique, la chirurgie, l'hygiène, la médecine. Il a retracé avec éloquence la vie de Corvisart, de Pinel, de Richard. Dupuytren est l'auteur d'une brochure fort rare aujourd'hui, et presque oubliée, qui fit sensation à l'époque où elle parut, autant par l'énergie du style que par la scène sanglante du 14 février 1820. Elle a pour titre : *Déposition faite le 25 mars 1820, à la Chambre des Pairs, sur les événements de la nuit du 13 au 14 février.*

La vie de Dupuytren a été courte, mais elle a été remplie de continuelles actions de bien. Aux époques remarquables, dans ces luttes sanglantes qui bouleversent les empires, pendant ces crises violentes des fièvres populaires, à l'apparition effrayante de ces fléaux destructeurs, toujours on le vit à son poste, toujours sa première pensée fut à l'humanité, à la science, sans distinction de personnes, de rangs ou d'opinions : c'est ainsi qu'en 1814, 1830, 1832, son infatigable activité, ses soins généreux, son courageux dévoûment, furent au-dessus de tout éloge, et resteront gravés au souvenir des hommes, dans quelque opinion qu'on demeure, comme un monument impérissable de sa gloire!

Dupuytren a fait le bien dans l'ombre, en silence; il a secouru la souffrance, consolé le malheur, relevé l'infortune : craignons de troubler sa cendre en soulevant ici le voile qui couvre tant de généreuses actions! Ceux-là qui furent l'objet de sa sollicitude, de son désintéressement, de sa libéralité, savent assez quel soin il prenait de cacher la main qui répandait sa mystérieuse bienfaisance.

Dupuytren était professeur à la Faculté de Médecine de Paris, chirurgien en chef de l'Hôtel-Dieu, membre de l'Institut et de l'Académie de Médecine. Il avait fait partie du conseil de salubrité, et avait été inspecteur général de l'Université. Premier chirurgien de deux rois, il avait été créé baron, officier de la Légion-d'Honneur, chevalier des ordres de Saint-Michel et de Saint-Wladimir de Russie. Il était recherché et honoré dans la société la plus élevée et la plus brillante. Son nom est devenu célèbre, non-seulement dans l'Europe, mais dans les deux mondes.

Possesseur d'une grande fortune, qu'il ne devait qu'à lui-même, Dupuytren s'est montré parfois généreux et désintéressé outre mesure. Un fait suffit pour prouver sa reconnaissance. Déchu et dans l'exil, Charles X, dont il avait été le premier chirurgien, se voit pendant quelque temps réduit à un état voisin de la gêne. Au temps de sa puissance, il a été le bienfaiteur de Dupuytren; au temps des revers, celui-ci s'en souvient : il met une partie de sa fortune à la disposition de l'exilé, qui l'accepte, et déjà Dupuytren se dispose à envoyer un million, lorsqu'une lettre lui apporte des remercîments, des expressions de reconnaissance, et l'assurance d'un état moins précaire ! Nous ne dirons pas à qui des deux ce trait fait le plus d'honneur, mais assurément il en fait à l'un et à l'autre !

Parmi les legs que Dupuytren a faits, et dont il ne nous appartient pas de parler, il en est un qui prouve son attachement à la Faculté et à ses élèves. Il a laissé à l'Ecole de Médecine de Paris deux cent mille francs pour la fondation d'une chaire et d'un cabinet d'anatomie pathologique, en confiant à M. Orfila le soin de veiller à cette exécution. C'est à M. Pignier, son neveu, qu'il a légué sa bibliothèque, et à M. le docteur Marx, son élève et son ami, ses instruments et ses manuscrits.

Ce fut en 1833, au mois de novembre, que Dupuytren ressentit sur le Pont-Neuf, en allant à l'Hôtel-Dieu, la première atteinte de sa maladie; il s'y rendit cependant, et voulut faire son service. De retour chez lui, et reconnaissant les symptômes d'une légère apoplexie, il se fit pratiquer une saignée, et céda quelques jours après aux instances de ses amis, qui lui conseillaient de prendre du repos et d'aller en Italie. « Ce voyage, dit M. Pariset, fut pour lui comme un long triomphe que sa renommée lui avait préparé. » Bientôt son état s'améliora; mais sous le beau ciel de Naples et de Rome, entouré de sa famille, qui l'avait accompagné, et qu'il chérissait, une idée le préoccupait : sa pensée le ramenait sans cesse à l'Hôtel-Dieu. Il voulut revenir; il voulut se retrouver au milieu de ses élèves; il revint en effet. Il reparut à l'Hôtel-Dieu, à l'Ecole de Médecine, et cette grande lumière de la chirurgie lança encore quelques rayons. Un dernier coup vint la frapper : ébranlée, elle lutta de nouveau; mais, épuisée, elle s'éteignit le 8 février 1835, à trois heures du matin! Et l'on sait combien fut chrétienne la mort de l'illustre médecin.

NEWTON.

L'année même de la mort de Galilée, le jour de Noël 1642, Isaac NEWTON naquit, dans le comté de Lincoln, paroisse de Colsterworth, au hameau de Woolsthorpe, où sa famille possédait une petit domaine depuis plus d'un siècle. Son père y était mort peu de mois après son mariage avec Henriette Ayscough, et avant la naissance de son fils. Celui-ci, en venant au monde, était si petit et si faible, qu'on ne supposait pas qu'il pût vivre. Sa mère se remaria bientôt; mais cette nouvelle union ne la détourna point des devoirs qu'elle avait à remplir envers son fils.

Notre savant et pieux académicien Biot a donné de très-intéressants détails sur l'enfance de Newton.

Sa mère l'envoya de bonne heure à de petites écoles de village, puis à Grantham, ville la plus voisine de Woolsthorpe, pour y suivre, à l'âge de douze ans, les leçons d'un maître très-instruit dans les langues savantes. Toutefois, son intention n'avait pas été de faire de son fils un érudit : elle ne voulait que lui faire acquérir les premières notions nécessaires à toute personne bien née, et le mettre en état d'administrer. lui-même son domaine. Ce fut à cette intention qu'elle le rappela bientôt auprès d'elle, mais le jeune étudiant montra beaucoup de répugnance et très-peu d'aptitude pour ce genre d'occupations.

Déjà, pendant son séjour à Grantham, Newton enfant s'était fait remarquer par un goût aussi vif que singulier pour toutes les inventions physiques ou mécaniques. Il était en pension chez un apothicaire nommé Clarke : là, retiré en lui-même, et peu jaloux de la société des autres enfants, il s'était fait une provision de scies, de marteaux et de toute autre sorte d'outils de dimensions proportionnées à sa taille; et il s'en servait avec tant de dextérité et d'intelligence, qu'il n'y avait pas de machine qu'il ne sût imiter.

Il fabriqua ainsi jusqu'à des horloges qui marchaient par l'écoulement de l'eau, et marquaient l'heure avec une égalité extraordinaire. Un nouveau moulin à vent, d'une invention particulière, ayant été mis en construction près de Grantham, l'enfant n'eut pas de cesse qu'il n'eût connu le secret de cette mécanique. Il alla si souvent voir les ouvriers qui y travaillaient, qu'il le devina, et qu'il construisit un modèle pareil, lequel tournait aussi, avec cette seule différence que le jeune mécanicien y avait ajouté de son invention, dans l'intérieur, une souris qu'il appelait « *le Meunier*, » parce qu'il l'avait disposée de manière qu'elle servait à diriger le moulin, et que d'ailleurs elle mangeait la farine qu'on lui confiait, aussi bien, disait-il, qu'un vrai meunier aurait pu le faire.

Une certaine pratique du dessin était devenue nécessaire pour ces opérations : l'enfant se mit de lui-même à dessiner, y réussit, et bientôt les murs de sa petite chambre furent couverts de dessins de toute espèce, faits tant d'après d'autres dessins que d'après nature. Ces jeux de mécanique, qui supposaient déjà tant d'invention et d'observation même, l'occupaient tellement qu'il en négligeait ses études de langues; de sorte qu'à moins qu'il ne fût accidentellement excité et poussé par quelque circonstance particulière, il se laissait ordinairement surpasser par des enfants d'un esprit bien inférieur au sien. Toutefois, un d'entre eux lui ayant fait sentir trop durement sa prétendue supériorité, il se mit en tête de s'y soustraire; et lorsqu'il l'eut voulu, il parvint en très-peu de temps à se placer à la tête de tous.

Ce fut après avoir nourri et développé ainsi pendant plusieurs années des penchants aussi vifs, que sa mère le rappela auprès d'elle à Woolsthorpe, pour l'employer aux choses du ménage et à l'administration d'une ferme : on juge s'il dut témoigner d'heureuses dispositions à ce travail. Plus d'une fois sa mère l'envoya les samedis à Grantham, pour vendre du blé et d'autres denrées au marché, en le chargeant de rapporter à son retour les provisions nécessaires à la maison; mais à cause de sa grande jeunesse, elle le faisait accompagner par un vieux serviteur de confiance, qui devait lui montrer à vendre et à acheter. Or, dans ces cas-là, dès que le jeune Newton était arrivé à la ville, il n'était pas plus tôt descendu de cheval, qu'il laissait à son vieux serviteur toute la conduite de la besogne; puis il allait se renfermer dans la petite chambre où il avait coutume de loger, chez l'apothicaire son ancien hôte; et là, il restait à lire quelque vieux livre, jusqu'à ce qu'il fût l'heure de repartir. D'autres fois, il ne se donnait pas le temps d'aller jusqu'à la ville; mais, s'arrêtant en chemin au pied de quelque haie, il y demeurait à étudier jusqu'à ce que son homme vînt le reprendre à son retour. Avec cette passion de l'étude, on conçoit bien qu'à la maison sa répugnance pour les travaux de la campagne devait être extrême. Aussi, dès qu'il pouvait s'y dérober, son bonheur était d'aller s'asseoir sous quelque arbre avec un livre, ou de tailler avec son couteau des modèles en bois des mécaniques qu'il avait vues. On montre encore aujourd'hui à Woolsthorpe un petit cadran solaire, construit sur la muraille de la maison qu'il habitait. Il donne sur le jardin et il est placé à la hauteur qu'un enfant peut atteindre. J'ai vu moi-même, dit M. Biot, non sans respect, ce petit monument de l'enfance d'un si grand homme.

Cette passion irrésistible qui entraînait le jeune Newton à l'étude des sciences surmonta enfin les obstacles que les habitudes et la prudence de sa mère lui opposaient. Un de ses oncles l'ayant trouvé un jour sous une haie, un livre à la main et entièrement enseveli dans cette méditation, lui prit le livre et reconnut qu'il était occupé à résoudre un problème de mathématiques. Frappé de voir un penchant à la fois si austère et si vif dans un si jeune âge, il détermina la mère de Newton à ne plus le contrarier davantage, et à le remettre à Grantham pour continuer ses études. Il y demeura ainsi jusqu'à dix-huit ans; après quoi il passa à l'université de Cambridge, où il fut admis, en 1660, dans le collége de la Trinité.

Depuis son entrée à Cambridge, la marche de ses progrès et le développement de ses pensées, si intéressants à consulter pour l'histoire de l'esprit humain, se trouvent heureusement décrits par lui-même ou constatés par des monuments scientifiques qui permettent d'en suivre la trace. Voilà les sources où doivent remonter ceux qui veulent connaître d'un manière approfondie toute l'importance des découvertes qui ont fait appeler Newton le créateur de la philosophie naturelle ; nous ne pouvons en présenter ici qu'un aperçu rapide.

Ses premières découvertes furent relatives aux mathématiques. L'étude des ouvrages du docteur Wallis le conduisit à trouver la formule aujourd'hui si célèbre et si continuellement en usage sous le titre de *Binôme de Newton;* et non-seulement il la trouva, mais il sentit parfaitement qu'il n'y avait presque aucune recherche analytique dans laquelle elle ne fût nécessaire ou du moins applicable. Bientôt il posa les fondements de la *Méthode des Fluxions,* que, onze ans après, Leibnitz inventa de nouveau et présenta sous une autre forme, qui est celle du calcul différentiel. Newton avait fait ces découvertes et beaucoup d'autres avant l'année 1665, c'est-à-dire lorsqu'il n'avait pas encore vingt-trois ans. Il les avait rédigées et rassemblées dans un écrit intitulé : *Analysis per æquationes numero terminorum infinitas,* mais il ne le publia point.

A cette époque (1665), il quitta Cambridge

pour fuir la peste, et se retira dans son domaine de Woolsthorpe. Assis un jour sous un pommier que l'on montre encore, une pomme tomba devant lui ; et ce hasard, réveillant peut-être dans son esprit les idées de mouvements accélérés et uniformes dont il venait de faire usage dans sa méthode des *Fluxions*, il se mit à réfléchir sur la nature de ce singulier pouvoir qui sollicite les corps vers le centre de la terre, qui les y précipite avec une vitesse continuellement accélerée, et qui s'exerce encore sans éprouver aucun affaiblissement appréciable sur les plus hautes tours et au sommet des montagnes les plus élevées. Aussitôt une nouvelle idée, s'offrant à son esprit comme un trait de lumière : « Pourquoi, se demanda-t-il, ce pouvoir ne s'étendrait-il pas jusqu'à la lune même ; et alors que faudrait-il de plus pour la retenir dans son orbite autour de la terre ? » Ce n'était là qu'une conjecture ; mais quelle hardiesse de pensée ! C'est ainsi que Newton trouva son fameux système de la *Gravitation universelle*.

La peste ayant cessé, Newton revint à Cambridge (1666), mais sans s'ouvrir de ses secrets à personne, pas même au docteur

Barrow son maître. Avant l'irruption de l'é-
pidémie, le hasard l'avait porté à faire quelques expériences sur la réfraction de la lumière à travers des prismes. Ces expériences,
qu'il avait d'abord tentées comme un amuse-
ment et par un simple attrait de curiosité,
lui avaient bientôt offert des conséquences
importantes. Mais lorsqu'il fut forcé de se
réfugier à la campagne, s'étant trouvé séparé
de ses instruments et privé de moyens d'expériences, il tourna ses pensées sur d'autres
objets. Plus de deux années s'écoulèrent
encore sans qu'il revînt à ce genre de recherches; mais il y fut naturellement ramené
lorsqu'il vit qu'il allait être chargé de faire
à Cambridge les leçons d'optique à la place
de Barrow, qui lui résigna sa chaire (1669).
Cherchant alors à compléter ses premiers
résultats, il fut conduit à une foule d'observations, non moins admirables par leur
nouveauté et leur importance que par la sa-
gacité, l'adresse et la méthode avec laquelle
il sut les imaginer, les exécuter et les en-
chaîner les unes aux autres. Il en composa
un corps complet de doctrines où les propriétés fondamentales de la lumière étaient
dévoilées, établies et classées d'après l'ex-

périence pure, sans aucun mélange d'hypothèses; nouveauté alors aussi surprenante et aussi inouïe que ces propriétés elles-mêmes. Ce fut là le texte des leçons qu'il commença de donner à Cambridge, en 1667, ayant à peu près vingt-sept ans. Ainsi, d'après ce que nous avons dit de la succession de ses idées, on voit que la méthode des Fluxions, la Théorie de la Pesanteur universelle, et la Décomposition de la Lumière, c'est-à-dire les trois grandes découvertes dont le développement a fait la gloire de sa vie, étaient nées dans son esprit avant qu'il eût atteint sa vingt-quatrième année.

En 1679, Newton s'occupa de la théorie de la gravitation. Les recherches auxquelles il se livra alors confirmèrent et complétèrent ses premières découvertes sur le système du monde. Toutefois il lui restait encore à expliquer quelques difficultés relatives au mouvement de la lune; mais il ne tarda pas à en trouver la solution entière. Vers le mois de juin 1682, il se trouvait à Londres à une séance de la Société Royale, dont il avait été reçu membre en 1672. On vint à parler de la nouvelle mesure d'un degré terrestre, récemment exécutée en France par Picard; et l'on donna beaucoup d'éloges aux soins qu'il avait employés pour la rendre exacte. Newton s'étant fait communiquer la longueur du degré résultant de cette mesure, revint aussitôt chez lui, et reprenant son premier calcul de 1665, il se remit à le faire avec ces nouvelles données. Mais à mesure qu'il avançait, il se trouva tellement ému qu'il ne put continuer son calcul, et pria un de ses amis de l'achever. Trouver la masse relative des différentes planètes, déterminer les rapports des axes de la terre, montrer la cause de la précession des équinoxes, trouver la force du soleil et de la lune pour soulever l'Océan : telles étaient les questions sublimes dont la solution s'offrit aux méditations de Newton, aussitôt qu'il eut connu la loi fondamentale du système du monde ! Doit-on s'étonner s'il en fut ému jusqu'à ne pas achever la démonstion qui lui en donnait la certitude !

Pendant deux années que ce grand homme employa pour préparer et développer l'immortel ouvrage des *Principes de la Philosophie naturelle,* où tant de découvertes admirables sont exposées, il n'exista que pour calculer et penser. On rapporte que, plus d'une fois, commençant à se lever, il s'asseyait tout-à-coup sur son lit, arrêté par quelque pensée, et demeurait ainsi à moitié nu pendant des heures entières, suivant toujours l'idée qui l'occupait. Il aurait même oublié de prendre de la nourriture si on ne l'en eût fait souvenir. Un jour le docteur Stukeley, ami particulier de Newton, étant venu pour dîner avec lui, attendit longtemps qu'il sortît de son cabinet où il était renfermé. Enfin, le docteur se résolut à manger d'un poulet qui était déjà sur la table; après quoi il remit les restes sur le plat, sous une cloche de métal qui servait à le couvrir. Plusieurs heures s'étant écoulées, Newton parut et se mit à table, témoignant qu'il avait grand'-faim. Mais lorsque, ayant levé la cloche, il vit les restes du poulet découpé : « Ah! dit-il, je croyais n'avoir pas dîné; mais je vois que je me trompais! »

Le traité des *Principes* parut complet en 1687. Parmi les contemporains de Newton, trois ou quatre peut-être étaient capables de le comprendre!

La chimie avait toujours eu pour Newton un attrait fort vif; car depuis son séjour d'enfance chez l'apothicaire de Grantham jusqu'à sa résidence à Cambridge, il n'avait cessé de s'en occuper. Il s'était formé un petit laboratoire pour ce genre de travaux, et il paraît que, dans les années qui suivirent la publication du livre des Principes, il s'y était presque entièrement livré. Mais un accident fatal lui ravit en un instant le fruit de ses découvertes, et en priva les sciences pour toujours. Newton avait un petit chien nommé Diamant, auquel il était fort attaché. Etant un soir, pour quelque affaire pressée, appelé hors de son cabinet dans la chambre voisine, il laissa par mégarde Diamant en-fermé derrière lui. En rentrant quelques minutes après, il trouva que le petit chien avait renversé sur son bureau une bougie allumée, qui avait mis le feu aux papiers où il avait consigné ses expériences; de sorte qu'il vit devant lui le travail de tant d'années consumé et réduit en cendres. On raconte que, dans le premier saisissement d'une si grande perte, il se contenta de dire : « Oh! Diamant, Diamant, tu ne sais pas le tort que tu m'as fait! » Mais la douleur qu'il en res-sentit, et que la réflexion dut rendre plus vive encore, altéra sa santé, et alla même, dit-on, jusqu'à troubler momentanément cette puissante et sublime intelligence!

Avec cette réunion de connaissances tant théoriques qu'expérimentales, il est facile de concevoir de quelle utilité Newton dut être dans la grande opération de la refonte des monnaies, pour laquelle il avait été appelé : aussi, au bout de trois ans, en fut-il récompensé par la charge de Directeur de la Monnaie, qui lui fut conférée en 1699, et qui produisait annuellement un revenu considérable. Jusqu'alors sa fortune avait été au moins très-médiocre relativement à ses besoins de famille; car on voit dans l'Histoire de la Société Royale, qu'en 1674, il s'était trouvé dans la nécessité de demander une exemption de la contribution annuelle que devait payer chacun des membres. Il se montra digne de sa nouvelle fortune par l'usage qu'il en fit. A cette époque tous les nuages dont l'esprit de rivalité avait voulu obscurcir sa gloire étaient disparus. De toutes parts de justes hommages environnèrent un mérite si rare. En 1699, l'Académie des Sciences de Paris, ayant reçu du roi une organisation nouvelle qui lui permettait d'admettre un très-petit nombre d'associés étrangers, s'empressa de rendre ce petit nombre encore plus honorable en y plaçant Newton.

D'après la manière dont sa vie avait été employée, on concevra facilement qu'il ne se soit jamais marié; et, comme dit Fontenelle, il n'eut pas le loisir d'y penser jamais. Une nièce qu'il avait mariée, et qui vivait chez lui avec son mari, lui tenait lieu d'enfant et en avait pour lui tous les soins. Avec les émoluments de sa charge, un patrimoine sagement administré, et surtout la simplicité de sa manière de vivre, il se trouvait très-riche et savait se servir de cet avantage pour faire beaucoup de bien. Il ne croyait pas, a dit encore Fontenelle, que *donner après soi, ce fût donner*. Aussi ne laissa-t-il point de testament; et ce fut toujours aux dépens de sa fortune présente qu'il fut généreux envers ses parents ou envers ceux de ses amis qu'il savait être dans le besoin.

Dans les dix dernières années de sa vie, Newton cessa entièrement de s'occuper de mathématiques. Si l'on venait à le consulter sur quelque endroit de ses ouvrages : « Adressez-vous à M. Moivre, répondait-il; il sait cela mieux que moi. » Et alors, quand les amis qui l'entouraient lui témoignaient la juste admiration si universellement excitée par ses découvertes : « Je ne sais, disait-il.

ce que le monde pensera de mes travaux;
mais, pour moi, il me semble que je n'ai pas
été autre chose qu'un enfant jouant sur le
bord de la mer, et trouvant tantôt un caillou
un peu plus poli, tantôt une coquille un peu
plus agréablement variée qu'une autre,
tandis que le grand océan de la vérité s'éten-
dait inexploré devant moi. »

Newton avait une figure plutôt calme
qu'expressive, et un air plutôt languissant
qu'animé. Sa foi était sincère et profonde;
jamais on ne prononça devant lui le nom
adorable de Dieu sans qu'il inclinât la tête
et se découvrît. Sa santé se soutint toujours
bonne et égale jusqu'à l'âge de quatre-vingts
ans. Il fut alors obligé de se reposer de ses
fonctions à la Monnaie sur le mari de sa
nièce, à qui il fut ainsi utile, même au-delà
du tombeau; car cette honorable confiance
d'un homme si grand et si intègre lui fut
comme une sorte de titre que le roi s'empressa
de confirmer.

« Newton, dit Fontenelle, ne souffrit beaucoup que dans les vingt derniers jours de
sa vie. On jugea sûrement qu'il avait la
pierre et qu'il n'en pouvait revenir. Dans des
accès de douleur si violents que les gouttes

de sueur lui en coulaient sur le visage, il ne poussa jamais un cri, ni ne donna aucun signe d'impatience; et, dès qu'il avait quelques moments de relâche, il souriait et parlait avec sa gaieté ordinaire. Jusque-là il avait toujours lu ou écrit plusieurs heures par jour. Il lut les gazettes le samedi 18 mars au matin, et parla longtemps avec le docteur Mead, médecin célèbre. Il possédait parfaitement tous ses sens et tout son esprit; mais le soir il perdit absolument la connaissance, et ne la reprit plus, comme si les facultés de son âme n'avaient été sujettes qu'à s'éteindre totalement, et non pas à s'affaiblir. Il mourut le lundi suivant (20 mars 1727), âgé de quatre-vingt-cinq ans. Son corps, après avoir été exposé sur un lit de parade, fut porté avec grande pompe à l'abbaye de Westminster, et inhumé dans le chœur. » La famille de Newton lui fit ériger à grands frais un monument.

Le 22 janvier 1834, celui qui écrit ces lignes visitait, pour la dernière fois sans doute, l'antique abbaye de Westminster, toute pleine encore du souvenir de ses ancêtres les Normands. Après s'être incliné devant les noms de deux Français, Chardin et Saint-Evremond, qui reposent au milieu des illustrations de l'Angleterre, il lut l'épitaphe gravée sur le tombeau de Newton. Elle se termine par ces paroles, qui ne sont que vraies en parlant de ce puissant génie : « Que les mortels se glorifient de ce qu'il a » existé un homme qui a fait tant d'honneur à » l'humanité ! »

VAUCANSON.

—

Jacques de Vaucanson, comme la plupart des hommes qui ont laissé une trace glorieuse et durable dans la carrière qu'ils ont parcourue, manifesta de bonne heure les inclinations natives de son génie. Né à Grenoble, le 24 février 1709, d'une famille noble, qui ne doit .cependant qu'à lui seul l'illustration de son nom, son enfance fut grave et réfléchie, car sa mère le menait souvent à l'église; mais, déjà sérieux, il s'occupait beaucoup des mouvements d'une horloge. Il examinait cette horloge à travers les fentes d'une cloison, il en étudiait la marche, en analysait la structure et s'efforçait de découvrir le jeu des pièces qui la composaient, bien qu'il ne pût en voir qu'une partie. Cette idée le poursuivant partout, il réussit tout d'un coup, après plusieurs mois de recherches, à saisir le mécanisme de l'échappement. Quelle preuve plus précoce et plus éclatante pouvait-il donner de sa vocation pour la mécanique?

Les premiers essais de Vaucanson en ce genre tiennent déjà du prodige. Il fit en bois et avec des instruments grossiers une horloge qui marquait les heures assez exactement. Parmi les rares plaisirs que sa mère lui passait, celui d'arranger et de décorer une chapelle d'enfant le conduisit ensuite à fabriquer de petits anges dont les ailes s'agitaient d'elles-mêmes, et des prêtres automates qui accomplissaient quelques-unes des fonctions du sacerdoce. Enfin, se trouvant à Lyon pendant que l'on y parlait de construire une pompe hydraulique pour fournir de l'eau à la ville, il en imagina une que sa modestie l'empêcha de proposer; mais arrivé à Paris, ce fut chez lui un véritable transport de joie, en retrouvant précisément sa machine dans celle de la *Samaritaine*. Cette rencontre n'est pas sans exemple dans l'histoire des savants et des artistes ; ainsi Pascal avait deviné dès son enfance les premières propositions d'Euclide, et presque de nos jours, Prudhon découvrit tout seul le procédé de la peinture à l'huile. Sans doute, ces inventions de seconde main n'ajoutent rien au domaine des sciences et des arts ; mais elles n'en attestent pas moins la force d'intelligence de leurs auteurs, et à ce titre seul, on conçoit facilement la joie de Vaucanson : à ses yeux il pouvait avoir sincèrement tout l'honneur d'un projet dont il ignorait l'exécution antérieure.

Après plusieurs années fructueusement employées à acquérir toutes les connaissances dont il manquait encore, en anatomie, en musique et en mécanique, Vaucanson songea à réaliser une idée qu'il avait conçue en voyant, dans le jardin des Tuileries, le faune jouant de la flûte, de Coysevox. Il s'agissait de construire une statue automate qui exécuterait des airs et imiterait les divers mouvements d'un joueur de flûte. Un des oncles de Vaucanson, qui ne vit là qu'une extravagance, eut lui-même celle d'en dissuader son neveu. Vaucanson parut d'abord y renoncer ; mais trois ans plus tard il y revint avec une nouvelle ardeur, pendant les loisirs forcés que lui fit une longue maladie; et ses calculs étaient si justes que la machine résulta pleinement et tout d'abord de la combinaison des différentes pièces qu'il avait demandées à plusieurs ouvriers chargés séparément des diverses parties de l'automate. Aux premiers sons que rendit cette statue, le domestique de Vaucanson tomba aux genoux de son maître, qui lui parut dès-lors plus qu'un homme, et tous deux s'embrassèrent en pleurant de joie. Nous n'entrerons pas ici dans le dédale infini des roues, des cordons, des fils et chaînes d'acier, des soufflets, des poulies, des leviers, des soupapes, des poids, des tuyaux, des cylindres, des réservoirs de vent, des claviers, des lames, des pivots, etc., etc., qui composent cette organisation aussi compliquée peut-être, aussi délicate que celle du corps humain; nous renverrons le lecteur qui serait tenté de faire complètement cette curieuse autopsie, au mémoire publié à ce sujet, en 1738, par Vaucanson lui-même. Qu'il nous suffise de dire que cet automate joue douze airs différents avec une précision remarquable, et que ses lèvres s'avancent ou se reculent, s'écartent ou se rapprochent, en augmentant ou en diminuant la force et la vitesse du vent, selon les divers tons, avec le concours des variations que la disposition des doigts éprouve, et des mouvements que reçoit une soupape qui fait office de langue.

Encouragé par ce succès, Vaucanson exposa, en 1741, deux canards et un joueur de tambourin et de galoubet qui ne furent pas accueillis avec moins d'étonnement et d'admiration que son joueur de flûte. Les canards boivent, barbotent dans l'eau, coassent comme un volatile vivant de cette espèce; ils font mouvoir leurs ailes, se dressent sur leurs pattes, inclinent le cou à droite, à gauche, et l'allongent pour prendre du grain qu'ils mangent, digèrent et rendent par les voies ordinaires. Ils imitent toutes les allures du canard qui avale avec précipitation, et redoublent aussi de vitesse dans les mouvements de leur gosier pour transmettre la nourriture jusqu'à leur estomac, où elle subit une sorte de trituration, de macération qui en change sensiblement l'apparence. La construction de leurs ailes pourrait défier l'œil d'un anatomiste; elles ont été copiées exactement sur celles d'un canard vivant, avec leurs formes, leur cavités, leurs articulations et leurs os.

L'automate qui joue du tambourin d'une

main et de l'autre du flageolet provençal,
offrait peut-être encore plus de difficultés à
vaincre que le joueur de flûte. Que l'on
songe, en effet, qu'il s'agissait cette fois de
l'instrument le plus ingrat et le plus faux
par lui-même, et où tous les tons dépendent
du plus ou moins de force de vent et de trous
bouchés à moitié; qu'il fallait produire tous
les vents différents avec une vitesse que
l'oreille a de la peine à suivre, et donner des
coups de langue à chaque note. Une découverte curieuse qui se rattache à la construction de cet automate, c'est que le galoubet
est un des instruments les plus fatigants
pour la poitrine, dont les muscles font parfois
un effort équivalant à 56 livres, puisqu'il ne
produit le *si* d'en haut, la dernière note où
il puisse atteindre, qu'avec un vent poussé
par cette force ou ce poids. Une seule once
fait sortir la première note, qui est le *mi*.
On peut se figurer par là quelle division de
vents exigeait cette petite flûte pour parcou-
rir toute sa gamme. Et ce n'est pas tout
encore, car elle n'occupe qu'une main, et
l'automate tient de l'autre une baguette avec
laquelle il bat du tambourin, donnant des
coups simples et doubles, exécutant des rou-

lements variés à tous les airs, et accompa-
gnant en mesure ces mêmes airs, au nombre
d'une vingtaine, qu'il joue sur son galoubet.

Telle était dès-lors la célébrité de Vaucanson, que Frédéric II, qui aurait voulu réunir,
autour du trône où il venait de monter, les
hommes les plus éminents de l'Europe, essaya aussi de l'attirer en Prusse; mais Vaucanson savait qu'un vrai citoyen appartient
avant tout à sa patrie, et il résista aux offres
brillantes qui lui étaient faites. Averti par
cette marque d'estime, dont l'honorait un
prince étranger, qu'il y avait une part à lui
faire dans l'administration, le cardinal de
Fleury ne tarda pas à lui confier l'inspection
des manufactures de soie. Jusqu'ici Vaucanson s'était fait le renom populaire d'un mécanicien ingénieux et amusant; voici maintenant qu'il va conquérir une gloire plus solide comme mécanicien utile, en mettant sa
science et son génie au service de l'industrie
française.

Dans l'exercice de ses nouvelles fonctions,
il s'appliqua surtout à chercher les moyens
de perfectionner les préparations que doit
subir la soie avant d'être employée. « Il exis-
tait pour ces différentes opérations des pro-

cédés ingénieux, dit Condorcet, dans le discours qu'il a fait à l'éloge de Vaucanson, comme secrétaire perpétuel de l'Académie des sciences; mais ces procédés ne conduisaient ni à donner à volonté aux diverses espèces de soie le juste degré d'apprêt qu'on voulait qu'elles eussent, ni à rendre cet apprêt égal pour toutes les bobines ou tous les écheveaux d'un même travail, et pour toute la longueur du fil qui formait chaque bobine ou chaque écheveau : cette régularité dans le travail exigeait une précision qui obligea M. de Vaucanson à imaginer, non-seulement les machines en elles-mêmes, mais encore les instruments nécessaires pour exécuter avec régularité et d'une manière uniforme les différentes parties de ces machines. Ainsi, par exemple, une chaîne sans fin donnait le mouvement à son moulin à organsiner, et M. de Vaucanson inventa une machine pour former la chaîne de mailles toujours égales. Cette machine est regardée comme un chef-d'œuvre; toutes les courbures que peut avoir le fil de fer sont redressées; toujours coupé de la même longueur, il reçoit deux plis toujours égaux; à chaque extrémité un crochet toujours semblable est destiné à recevoir le fil que formera la maille suivante, et lorsque la chaîne est faite dans toute sa longueur, une autre machine plus simple réunit les deux mailles extrêmes, et achève la chaîne sans fin; si quelques mailles viennent à se briser, la même machine sert à les remplacer, et à réunir cette partie nouvelle aux deux extrémités de ce qui reste de l'ancienne chaîne. »

Ayant été consulté par le gouvernement où l'on alléguait l'intelligence peu ordinaire que devait avoir un ouvrier en étoffes de soie, pour faire accorder quelques priviléges à ces fabriques, Vaucauson répondit par la construction d'une machine avec laquelle un âne exécutait une étoffe à fleurs. Par cette nouvelle invention, on doit l'avouer, il ne voulait pas seulement empêcher la concession d'une faveur imméritée; c'était aussi pour lui une manière de se venger plaisamment des ouvriers de Lyon, qui, par un ressentiment qu'on ne doit imputer qu'à leur ignorance, l'avaient un jour poursuivi à coups de pierres, sur le bruit qu'il cherchait à simplifier les métiers.

Vaucanson avait entrevu la possibilité d'atteindre à la plus haute peut-être des merveilles de mécanique imitative, en créant un automate dans l'intérieur duquel s'opérerait tout le mécanisme de la circulation du sang. Louis XV s'était intéressé à l'exécution de ce projet, et il avait donné des ordres pour que tous les secours nécessaires fussent fournis à son auteur; mais ces ordres ne furent pas suivis ou ne le furent qu'avec des lenteurs telles que Vaucanson, qui avait la légitime fierté du génie, aima mieux renoncer à son idée, bien qu'il s'en fût occupé longtemps, et que d'après ses premiers essais il osât presque répondre de réussir.

La représentation de la *Cléopâtre* de Marmontel lui avait encore donné occasion de fabriquer un aspic qui, au moment où la reine d'Egypte le pressait sur son sein pour l'exciter à la mordre, imitait presque au naturel le mouvement d'un aspic vivant, et sifflait. « Je suis de l'avis de l'aspic, » répondit aussitôt un spectateur interrogé sur ce qu'il pensait de cette tragédie. S'il faut en croire Marmontel, la surprise que causa ce petit chef-d'œuvre de l'art fit une diversion fâcheuse pour sa pièce; cette explication bénévole de la froideur avec laquelle elle fut écoutée n'est qu'un hommage rendu au talent de Vaucanson.

On trouve dans les recueils de l'Académie des sciences, où il fut reçu en 1746, plusieurs mémoires de Vaucanson remarquables par le talent de décrire les machines avec une précision et une clarté très-rares.

Attaqué depuis plusieurs années d'une cruelle maladie qui devint, pendant les dix-huit derniers mois de sa vie, une complication de maux les plus douloureux, il leur opposait un tranquille courage, et conservait toute son activité, toute sa vigueur d'esprit. Il s'occupait encore à préparer la description de la machine qu'il avait inventée pour composer sa chaîne sans fin. Visant à l'économie dans la construction des métiers, comme à un but d'une haute importance pour la pratique des arts, il expliquait à ses ouvriers les moyens qu'il avait imaginés pour fabriquer en bois une partie des pièces de son moulin. « Ne perdez point de temps, leur disait-il; je ne vivrai peut-être pas assez pour exposer toute mon idée. » C'est au milieu de ces occupations qu'il termina sa vie et ses souffrances, le 21 novembre 1782. Mourir ainsi, c'était mourir comme le soldat, au champ d'honneur !

Vaucanson fut véritablement un homme de bien, et surtout un excellent père. N'ayant eu qu'une fille qui avait perdu sa mère presque en venant au monde, il voulut être son unique instituteur; il consacra tous les jours trois heures à ce soin, persuadé qu'il n'y en avait pas pour lui de plus important, ni de plus doux. Heureux l'enfant qui peut ainsi être élevé et instruit par un père dévoué; car une telle éducation est un bienfait dont l'influence féconde se fait sentir jusqu'aux derniers jours de la vie. Heureux aussi le père à qui il est permis d'entreprendre une pareille tâche; car il recueillera, comme Vaucanson, le prix de son courage dans l'amour, la reconnaissance et les succès de son enfant.

Vaucanson, par son testament, avait donné son cabinet de mécaniques à la reine Marie-Antoinette, qui accueillit l'idée d'en gratifier l'Académie des sciences; mais les intendants du commerce réclamèrent les machines relatives aux manufactures, et de là des contestations par suite desquelles cette précieuse collection fut en partie dispersée et perdue pour la France. Ce qui en restait devint, en 1798, avec deux autres dépôts du même genre, le noyau du *Conservatoire des Arts et Métiers*, dont une des salles porte le nom de l'illustre mécanicien.

POTHIER.

—

Il semble que ce soit une destinée de la vertu sur cette terre de rester toujours cachée aux yeux. Humble et modeste de sa nature, elle paraît craindre l'éclat du grand jour; elle ne se révèle que par ses bienfaits. Or, pour la mémoire des hommes, c'est si peu de chose que le souvenir d'un bienfait!

Si parfois, dans une rare et bienheureuse exception, elle devient l'apanage du génie, sa timide couronne disparaît sous le brillant diadème de la gloire, et le grand homme fait oublier l'homme de bien. Et pourtant qu'est-ce que le talent auprès de la vertu? Qu'est-ce surtout que le talent sans la vertu?

Si donc parmi les illustrations de notre France, il nous est donné de rencontrer un homme également éminent par la puissance de son esprit et par la bonté de son cœur, un homme dont la vie, consacrée aux élucubrations pénibles de la science, se soit plue également aux touchantes habitudes de la vertu, ne sera-ce pas un devoir pour nous de présenter aux regards et à l'admiration de tous les amis du bien un si noble modèle ?

Aussi, c'est avec bonheur que nous le disons : oui, nous avons trouvé un génie élevé et une âme compatissante ; une intelligence aux conceptions fortes et hardies, sans cesse préoccupée de plus hauts intérêts de la société, des questions immenses de la législation et du droit, et un cœur sensible, toujours ouvert aux douces impressions de la religion et de la charité, se dévouant toujours au soulagement de la pauvreté et à la consolation du malheur. — Cet homme, c'est POTHIER, dont une voix éloquente a dit avec raison : « Ce fut un des plus grands jurisconsultes dont la France s'honore, mais ce fut surtout un homme de bien. Magistrat austère sans dureté, et humain sans faiblesse ;

professeur érudit sans pédantisme, et plutôt l'ami que le censeur de la jeunesse; religieux sans intolérance et sans fanatisme; prodigue, envers les pauvres, de sa modique fortune, et de ses conseils envers tous ceux qui en avaient besoin; modeste jusqu'à l'humanité, patient, affable pour tout le monde, il offre l'heureux et trop rare assemblage des talents qui font le grand homme, des qualités qui relèvent l'éclat de la toge, des vertus qui constituent le bon citoyen. »

D'autres ont dit avec la hauteur de leur science et de leur jugement les services immenses que Pothier a rendus à l'étude des lois; ils ont raconté ce que la société entière doit aux admirables travaux de celui qui fut le père de notre législation. Que les jurisconsultes éminents de notre époque, disciples et successeurs de ce grand maître, lui offrent les hommages éclatants dignes de la science profonde dont ils sont les interprètes et les nobles représentants, c'est là une belle tâche qu'ils ont grandement et honorablement remplie. Savants appréciateurs du génie, ils nous ont montré ses conceptions fécondes, sa puissante élaboration. Ils nous ont représenté l'humble magistrat d'une ville de France exécutant, en quelques années, ce que n'avaient pu faire et la puissante volonté de César, et la vaste science de Tullius ; reconstituant dans un ordre merveilleux ce colosse de la législation romaine, dont les débris, confusément entassés par le législateur de Constantinople, gisaient épars depuis treize siècles ; triomphant enfin de tous les obstacles contre lesquels était venue se briser l'autorité des maîtres du monde, et, sans le savoir, dotant sa patrie des plus belles de ses lois. Voilà ce qu'ont fait nos devanciers et nos maîtres.

Pour nous, notre mission est plus humble : nous nous attacherons à reproduire, autant que nous le permettront nos faibles moyens, le pieux et bon magistrat, l'ami de la jeunesse, le père des pauvres, le bienfaiteur de l'humanité souffrante.

Né à Orléans, le 9 janvier 1699, d'une bonne famille de robe, POTHIER (ROBERT-JOSEPH) entra au collége des Jésuites de cette ville, et fit dans ses études des progrès rapides, que facilitaient une heureuse mémoire, un volonté ferme et une intelligence développée. Elève de l'Ecole de Droit d'Orléans, il préluda par de solides travaux à ce qu'il devait être un jour, et déjà l'on pouvait pressentir, avec son maître, Prévost de la Janès, que le jeune étudiant sortirait de la ligne ordinaire.

Doué d'une âme naturellement religieuse, Pothier, dont la piété avait toujours été fervente, voulut un instant se consacrer au culte des autels. Il fut sur le point d'entrer dans la congrégation des chanoines réguliers; les larmes de sa mère, l'attachement qu'il avait pour elle, le détournèrent de ce dessein. Il reprit alors la carrière que lui ouvraient ses premières études et qu'avaient suivie son père et son aïeul, la magistrature. « C'était un autre sacerdoce. »

A vingt et un ans, pourvu d'une charge de conseiller au présidial d'Orléans, Pothier apporta dans ses nouvelles fonctions cette hauteur de vues que lui donnaient et son instruction profonde et sa religieuse conscience. « Il sut allier l'étude des lois humaines avec les divins préceptes de l'Evangile. Sa philosophie était celle de ces hommes sages qui connaissent en même temps la dignité de leur origine et les bornes de leur intelligence; qui, par un effort sublime, élèvent leur âme au-dessus des errreurs et des vanités de la terre, pour ne la rendre attentive qu'aux vérités du ciel; qui se courbent avec respect sous le joug aussi doux qu'honorable de la religion, en professent les dogmes et surtout en pratiquent les maximes; qui ne trouvent de vrai bonheur pour l'homme dans l'exercice des vertus et dans une parfaite soumission aux lois; en un mot, une philosophie chrétienne. »

Tel il se montra durant sa vie entière : magistrat, professeur, jurisconsulte, écrivain, toujours on retrouve en lui le savant et le sage, le chrétien surtout.

La première occasion où parut d'une manière éclatante cette modestie charmante, cette noblesse de procédés qui distinguent le vrai mérite, fut la nomination de Pothier à la chaire de droit vacante par la mort de Prévost de la Janès. Il avait pour compétiteur Guyot, docteur agrégé, qui semblait devoir lui être préféré comme plus ancien. Le chancelier d'Aguesseau, si excellent juge du talent, nomma le jeune conseiller sans que celui-ci eût fait la moindre demande. Pothier fit tous ses efforts pour partager avec son rival moins heureux les émoluments de sa place; jamais Guyot n'y voulut consentir, et ce fut un noble spectacle que ce combat de générosité entre les deux émules, qui devinrent et restèrent constamment les amis les plus sincères.

Pothier avait compris toute la portée de sa mission. Il se trouvait à la tête d'un enseignement difficile, chargé du soin d'une jeunesse studieuse et ardente. Il ne négligea rien pour exciter cette émulation si féconde en grands résultats : concours publics, médailles d'or et d'argent frappées à ses frais et décernées aux plus dignes, conférences familières, exercices de tout genre. Combien, dans sa prévoyante bienfaisance et sa délicate amitié, « combien de pauvres élèves dont il connaissait les bonnes dispositions, n'a-t-il pas avancés dans leurs études ! » Ses livres enfin, ces admirables livres, il les donnait pour rien au libraire, sous la seule condition qu'on les vendrait à meilleur marché ! Voilà l'homme véritablement utile, véritablement dévoué aux intérêts de la jeunesse ! Que ne trouve-t-il plus d'imitateurs !

Que si nous suivons Pothier sur le tribunal, là encore nous le verrons mériter à la fois les louanges de ses contemporains et de la postérité. Nous ne saurions mieux faire que de citer ici les paroles d'un homme justement célèbre : il résume notre pensée avec la précision de son remarquable talent : « Plein de cette religion qui ne sépare point les bonnes œuvres de la vraie foi; d'une probité scrupuleuse, profondément instruit dans toutes les parties de la science du droit; d'un esprit doux et conciliant; en possession d'une fortune qui le mettait fort au-dessus du besoin et assurait ainsi son indépendance, il a bien mérité cet éloge que fait de lui l'avocat du roi attaché au présidial où il exerça si longtemps ses honorables fonctions : « Zèle pour le bien de la justice, assiduité, promptitude dans l'expédition, désintéressement, intégrité, fermeté, attachement à sa compagnie; quelle est la vertu de son état qu'il n'ait pas possédée éminemment! » Une seule fois peut-être eut-il à se reprocher une faute dans sa magistrature, mais il sut si noblement la réparer! Il avait dans le rapport d'une importante affaire oublié de rendre compte d'une pièce décisive en faveur de la partie qui perdit son procès. Aussitôt il s'empressa de payer toute la condamnation, indemnisant ainsi la victime de son inadvertance. « Glorieuse réparation d'une faute involontaire, triomphe admirable d'une âme droite et pure sur l'amour-propre du juge et l'intérêt de l'homme! »

Il ne pouvait pas supporter la vue de la torture, et en cela il ne remplissait pas toute l'étendue de ses fonctions; mais qui voudrait lui en faire un reproche? Que penserez-vous de l'écrivain qui n'aura vu dans cette sensibilité qu'une faiblesse de nerfs?

Jusqu'ici nous avons vu Pothier se livrant aux devoirs de son état avec une sévère exactitude, docile aux inspirations de sa religieuse conscience, et rendant à la patrie et à ses concitoyens les services éminents du jurisconsulte et du magistrat. C'est là déjà un beau titre de gloire : ce sont là des bienfaits envers la société. Mais qu'on ne croie pas que son âme généreuse se contente de la douce satisfaction qui suit l'accomplissement du devoir; non, il faut à ce cœur sensible, aimant, d'autres vertus à exercer. Il veut bien mériter de l'humanité entière.

Suivons-le donc dans le détail de sa vie privée; laissons l'homme public pour ne considérer ici que le bienfaiteur des pauvres. Qui pourra jamais raconter les inépuisables ressources de sa charité, cette bienveillance, cette affabilité touchante avec laquelle il accueillait toutes les douleurs, soulageait toutes les infortunes?

Les pauvres étaient sa grande famille, comme il aimait à le dire. Seul et resté célibataire « pour éviter tout embarras, » et trouvant dans son modique revenu une somme plus que suffisante pour subvenir à ses besoins, il économisait avec soin pour les malheureux, et la frugalité de sa vie lui permettait d'être beaucoup plus généreux que sa fortune ne semblait lui en laisser les moyens.

C'était avec reconnaissance et respect qu'il recevait les visites des dames de charité, et il avait un véritable bonheur à leur confier ses offrandes, parce que ses bienfaits étaient plus secrets et plus ignorés.

Ce besoin de modestie, ce désir que, selon le précepte sacré, la main gauche ne connût pas ce que donnait la droite, le rendait ingénieux à dissimuler ses aumônes. Il s'en allait parfois les répandre dans les campagnes et dans les villes écartées. Mais surtout quelles précautions délicates n'employait-il pas pour soulager les pauvres honteux, ces infortunés qu'une noble fierté empêche d'étaler au grand jour le fardeau de leur misère! Il avait pour eux une prédilection toute particulière, et, ajoute son célèbre biographe, « il mettait à les secourir tant de discrétion, qu'on aurait pu lui transporter leur nom et l'appeler le « *Bienfaiteur honteux.* »

Une autre de ses joies était de se charger de jeunes enfants et de leur faire apprendre un état; il les surveillait lui-même, et les instruisait à la vertu par la reconnaissance.

Enfin, la plus belle idée à donner de sa charité, c'est de dire que souvent il s'épuisait et se trouvait sans argent : il avait tout distribué, et si sa bonne et fidèle gouvernante, l'excellente Thérèse Javoy, l'intendante zélée et la gardienne intelligente de son maître, n'avait pas eu soin de mettre quelque somme en réserve, la libéralité de Pothier l'eût privé du nécessaire. Le seul moyen qu'elle eût trouvé pour mettre un terme à ces pieuses prodigalités de son maître, était de le menacer de prendre à crédit chez les fournisseurs, car il avait horreur des dettes!

Tels sont les traits principaux de cette vie toute de charité et de bienfaits, admirable et touchante vertu dont la source se trouve dans la religion douce et tendre de ce grand homme! Car, est-il besoin d'ajouter ici que

Pothier fut toute sa vie le modèle d'une vraie et solide piété? Aussi assidu à remplir ses devoirs de chrétien que ceux de magistrat, il prenait tant de plaisir et de goût au chant des psaumes, que si ses occupations le lui eussent permis, il aurait assisté à tout l'office de la cathédrale, dont malheureusement il ne pouvait, chaque matin après la messe, entendre que les premières heures : « Il faisait passer dans son âme toute la chaleur dont les divins cantiques sont remplis. Il les chantait avec transport, ou plutôt il les déclamait à sa manière, car il avait la voix la plus fausse qui se puisse entendre. »

Pothier, — qu'on nous permette ces détails : ils achèvent le portrait, — Pothier était d'une complexion délicate, sa taille était haute et mal prise, sa tournure singulière et toute disgracieuse; ses longues jambes l'embarrassaient; quand il était assis, dit un de ses contemporains, il les entrelaçait par des contours redoublés. » (Letrosne.) A genoux ou même étendu à plat ventre sur le parquet de son cabinet, il s'entourait de ses livres, les entassait à plaisir et les bouleversait sans cesse. A table, il fallait presque lui couper les morceaux : enfin toutes ses actions avaient un air de maladresse et de gaucherie.

Il le savait bien, et tout le premier plaisantait sur sa tournure et ses manières : et d'ailleurs, il y avait tant d'affabilité dans son accueil, tant de douceur et de bonté dans sa physionomie, tant de bienveillance dans son regard et dans ses expressions, qu'on oubliait promptement toutes ces disgrâces de la nature pour se livrer aux charmes de son entretien.

Comparé par M. Dupin aîné au bon La Fontaine, Pothier a été comparé au bon Rollin par M. Berville : « Il serait difficile de n'être pas frappé, dit M. Berville, des rapports d'esprit et de caractère, et, pour ainsi dire, de l'air de famille qui règne en ces deux hommes de bien : c'est la même candeur de sentiment, la même simplicité de mœurs, la même pureté de cœur, la même douceur, la même piété, la même modestie. Tous deux appliqués à l'étude, tous deux amis de la jeunesse, tous deux zélés pour leurs devoirs, ils semblent encore se rapprocher par la conformité de leurs opinions religieuses et par celle de leur carrière, voués également, en grande partie, aux nobles fonctions de l'enseignement public... Leur style même se ressent du rapport de leurs esprits et de leurs caractères... Chez l'un et l'autre, on reconnaît le langage de la sagesse unie à la vertu... »

Pothier avait acquis, en 1730, une petite ferme à Lû, en Beauce, à une lieue de Châteaudun. Il y avait un petit logement par bas, aussi simple et aussi modeste que sa personne. C'était vraiment la maison du sage : le jardin était fort petit et aussi antique que tout le reste, et le terrain en était très-mauvais. Un petit parterre, couvert de vieux et grands ifs qu'il trouvait admirables, en faisait l'ornement, et quelques allées d'épines tout le couvert. Un de ses amis lui disait un jour que si l'on avait porté la maison à quelque distance, on aurait pu trouver de bonne terre et s'y procurer un ombrage plus agréable. Pothier lui répondit : « On a vraiment bien fait de la mettre ici : les autres terres donnent du blé, et le terrain est assez bon ici pour se promener. »

Pothier fournit une plus longue carrière que ne pouvaient le faire espérer et la faiblesse de sa constitution et les immenses travaux qu'il a laissés. Sa mort fut ce qu'avait été sa vie, celle d'un juste et d'un chrétien (2 mars 1772). Cette perte causa dans Orléans un deuil général. Les pauvres regrettèrent la main qui les avait si longtemps secourus; les élèves de l'Université le maître dont les leçons, les conférences, les encouragements, les guidaient dans la carrière; la magistrature pleurait son doyen; les justiciables savaient qu'on ne leur donnerait jamais un juge plus équitable, plus scrupuleux, plus éclairé; tous semblaient avoir perdu un père ou du moins un ami bon et fidèle.

La ville d'Orléans, disons-le avec plaisir, conserve religieusement le souvenir de celui qui l'a illustrée après l'avoir comblée de bienfaits. Le vœu des amis de Pothier a enfin été réalisé par ses concitoyens, et l'étranger attiré par la beauté de l'antique cathédrale aime à reposer ses regards sur la pierre qui couvre les cendres du pieux et grand magistrat.

Pour nous, qu'il nous soit permis de répéter, en terminant, que Pothier nous est apparu comme un grand jurisconsulte, mais surtout comme un homme de bien, comme un des plus vertueux bienfaiteurs de l'humanité! Tel nous avons essayé de le représenter : trop heureux si cet humble hommage d'une voix inconnue ne semble pas indigne du grand homme et du vrai chrétien.

FIN.

TABLE

TABLE

FIN DE LA TABLE.

Limoges. — Imp EUGÈNE ARDANT et Cᵒ